Wilfrid Laurier, 1841-1919.

Roderick Stewart

Auteur de trois livres sur Norman Bethune et coauteur de manuels d'histoire destinés aux élèves du secondaire, Roderick Stewart a enseigné l'histoire pendant plusieurs années ; il a été directeur du Département d'histoire dans plusieurs écoles secondaires ontariennes. Il a également enseigné l'anglais en Espagne et en Chine. Il a été critique de livres et interviewer à Toronto et à London, et conseiller municipal à Markham, en Ontario. Il est marié avec Sharon Stewart, auteure de plusieurs romans jeunesse, et vit actuellement à Richmond Hill, en Ontario.

La traductrice : Hélène Rioux

Romancière, nouvelliste, poète, traductrice et critique littéraire, Hélène Rioux a publié treize livres, dont *Traductrice de sentiments*, *Le cimetière des éléphants* et *Dialogues intimes*. Trois fois finaliste au Prix du Gouverneur général, elle a remporté le Grand Prix littéraire du Journal de Montréal et le Prix de la Société des écrivains canadiens pour son roman *Chambre avec baignoire*. Elle a traduit une trentaine d'ouvrages d'auteurs comme Bernice Morgan, Lucy Maud Montgomery, James King et Taras Grescoe, et a remporté le prix QSPELL pour la traduction de *Self* de Yann Martel. Responsable pendant dix ans de la chronique littéraire au *Journal d'Outremont*, elle collabore depuis 1999 à la revue *Lettres québécoises* et fait partie du collectif de rédaction d'*XYZ. La revue de la nouvelle*.

Dans la même collection

1. Louis-Martin Tard, *Chomedey de Maisonneuve. Le pionnier de Montréal.*
2. Bernard Assiniwi, *L'Odawa Pontiac. L'amour et la guerre.*
3. Naïm Kattan, *A. M. Klein. La réconciliation des races et des religions.*
4. Daniel Gagnon, *Marc-Aurèle Fortin. À l'ombre des grands ormes.*
5. Mathieu-Robert Sauvé, *Joseph Casavant. Le facteur d'orgues romantique.*
6. Louis-Martin Tard, *Pierre Le Moyne d'Iberville. Le conquérant des mers.*
7. Louise Simard, *Laure Conan. La romancière aux rubans.*
8. Daniel Poliquin, *Samuel Hearne. Le marcheur de l'Arctique.*
9. Raymond Plante, *Jacques Plante. Derrière le masque.*
10. André Berthiaume, *Jacques Cartier. L'inaccessible royaume.*
11. Pierre Couture, *Marie-Victorin. Le botaniste patriote.*
12. Louis-Martin Tard, *Michel Sarrazin. Le premier scientifique du Canada.*
13. Fabienne Julien, *Agathe de Repentigny. Une manufacturière au XVIIe siècle.*
14. Mathieu-Robert Sauvé, *Léo-Ernest Ouimet. L'homme aux grandes vues.*
15. Annick Hivert-Carthew, *Antoine de Lamothe Cadillac. Le fondateur de Detroit.*
16. André Vanasse, *Émile Nelligan. Le spasme de vivre.*
17. Louis-Martin Tard, *Marc Lescarbot. Le chantre de l'Acadie.*
18. Yolaine Laporte, *Marie de l'Incarnation. Mystique et femme d'action.*
19. Daniel Gagnon, *Ozias Leduc. L'ange de Correlieu.*
20. Michelle Labrèche-Larouche, *Emma Albani. La diva, la vedette mondiale.*
21. Louis-Martin Tard, *Marguerite d'Youville. Au service des exclus.*
22. Marguerite Paulin, *Félix Leclerc. Filou, le troubadour.*
23. André Brochu, *Saint-Denys Garneau. Le poète en sursis.*
24. Louis-Martin Tard, *Camillien Houde. Le Cyrano de Montréal.*
25. Mathieu-Robert Sauvé, *Louis Hémon. Le fou du lac.*
26. Marguerite Paulin, *Louis-Joseph Papineau. Le grand tribun, le pacifiste.*
27. Pierre Couture et Camille Laverdière, *Jacques Rousseau. La science des livres et des voyages.*
28. Anne-Marie Sicotte, *Gratien Gélinas. Du naïf Fridolin à l'ombrageux Tit-Coq.*
29. Christine Dufour, *Mary Travers Bolduc. La turluteuse du peuple.*
30. John Wilson, *Norman Bethune. Homme de caractère et de conviction.*
31. Serge Gauthier, *Marius Barbeau. Le grand sourcier.*
32. Anne-Marie Sicotte, *Justine Lacoste-Beaubien. Au secours des enfants malades.*
33. Marguerite Paulin, *Maurice Duplessis. Le Noblet, le petit roi.*
34. Véronique Larin, *Louis Jolliet. Le séminariste devenu explorateur.*
35. Julie Royer, *Roger Lemelin. Des bonds vers les étoiles.*
36. Francine Legaré, *Samuel de Champlain. Père de la Nouvelle-France.*
37. Pierre Couture, *Antoine Labelle. L'apôtre de la colonisation.*
38. Camille Laverdière, *Albert Peter Low. Le découvreur du Nouveau-Québec.*
39. Marguerite Paulin, *René Lévesque. Une vie, une nation.*
40. André Vanasse, *Gabrielle Roy. Écrire, une vocation.*
41. Judith Fitzgerald, *Marshall McLuhan. Un visionnaire.*
42. Sylviane Soulaine, *Johan Beetz. Le petit grand Européen.*
43. Francine Legaré, *Louis Hébert. Premier colon en Nouvelle-France.*
44. Serge Gauthier, *Laure Gaudreault. La syndicaliste de Charlevoix.*
45. Pierre Couture, *Guillaume Couture. Le roturier bâtisseur.*
46. Réjean Beaudin, *Napoléon-Alexandre Comeau. Le héros légendaire de la Côte-Nord.*
47. Marguerite Paulin, *Jacques Ferron. Le médecin, le politique et l'écrivain.*
48. Deborah Cowley, *Lucille Teasdale. Docteure Courage.*
49. Mathieu-Robert Sauvé, *Jos Montferrand. Le géant des rivières.*
50. Élise Bouthillier, *Chevalier de Lorimier. Défenseur de la liberté.*

Wilfrid Laurier

Catalogage avant publication de Bibliothèque et Archives nationales du Québec et Bibliothèque et Archives Canada

Stewart, Roderick, 1934-

    Wilfrid Laurier : œuvrer pour l'unité du Canada

    (Les grandes figures ; 51)

    Traduction de : Wilfrid Laurier : a pledge for Canada.

    Comprend des réf. bibliogr.

    ISBN 978-2-89261-539-5

    1. Laurier, Wilfrid, Sir, 1841-1919. 2. Canada — Politique et gouvernement — 1896-1911. 3. Premiers ministres — Canada — Biographies. I. Titre. II. Collection : Grandes figures ; 51.

FC551.L3S7314 2008   971.05'6092   C2008-941674-0

Édition originale : *Wilfrid Laurier : A Pledge for Canada*, XYZ Publishing, 2002. Traduit de l'anglais par Hélène Rioux.

La publication de cet ouvrage a été rendue possible grâce à l'aide financière du ministère du Patrimoine canadien par l'entremise du Programme d'aide au développement de l'industrie de l'édition (PADIÉ), du Conseil des Arts du Canada (CAC) et du ministère de la Culture et des Communications du Québec (MCCQ) par l'entremise de la Société de développement des entreprises culturelles (SODEC).

© 2008
XYZ éditeur
1781, rue Saint-Hubert
Montréal (Québec)
H2L 3Z1
Téléphone : 514.525.21.70
Télécopieur : 514.525.75.37
Courriel : info@xyzedit.qc.ca
Site Internet : www.xyzedit.qc.ca

et

Roderick Stewart

Dépôt légal : 3ᵉ trimestre 2008
Bibliothèque et Archives Canada
Bibliothèque et Archives nationales du Québec
ISBN : 978-2-89261-539-5

Distribution en librairie :

Au Canada :
Dimedia inc.
539, boulevard Lebeau
Ville Saint-Laurent (Québec)
H4N 1S2
Téléphone : 514.336.39.41
Télécopieur : 514.331.39.16
Courriel : general@dimedia.qc.ca

En Europe :
DNM – Distribution du Nouveau Monde
30, rue Gay-Lussac
75005 Paris, France
Téléphone : 01.43.54.49.02
Télécopieur : 01.43.54.39.15
www.librairieduquebec.fr

Droits internationaux : André Vanasse, 514.525.21.70, poste 25
          andre.vanasse@xyzedit.qc.ca

Conception typographique et montage : Édiscript enr.
Maquette de la couverture : Zirval Design
Illustration de la couverture : Francine Auger
Recherche iconographique : Roderick Stewart et Rhonda Bailey

2009/03

LAURIER

ŒUVRER POUR
L'UNITÉ DU CANADA

Prologue

Le serment

Le bref soubresaut du wagon l'arracha à sa rêverie. La locomotive sortait de la gare. Sir Wilfrid Laurier se redressa dans son siège et jeta un coup d'œil vers la porte. Dans quelques instants, il saurait comment avaient voté la plupart des provinces.

Le train avait fait une courte halte pour laisser descendre et monter des passagers, et les compagnons de Laurier s'étaient précipités dehors pour aller chercher les télégrammes envoyés à la gare. C'était un rare moment de solitude et de silence. Après s'être étiré, sir Wilfrid Laurier appuya confortablement ses épaules au coussin de cuir moelleux de son siège. Il lissa sa crinière blanche, puis croisa les mains derrière sa tête et s'inclina en arrière.

Si seulement il pouvait fermer les yeux, s'endormir, échapper aux démons qui le poursuivaient — l'horaire accablant, les craintes et les doutes qui attaquaient sa volonté de continuer à combattre pour ses convictions.

Mais non, il ne s'autoriserait pas à dormir. Après tous ces événements, l'enjeu était trop important pour songer au repos. À présent, le train repartait ; ses compagnons seraient bientôt de retour, et il saurait.

Il n'était qu'un peu plus de 22 h. Les Canadiens votaient depuis 8 h ce lundi matin-là, le 17 décembre 1917. C'était la première élection fédérale tenue en temps de guerre. La majorité des électeurs avaient à choisir entre le candidat du Parti unioniste et son adversaire du Parti libéral. Il n'y avait qu'un problème. Ceux qui choisiraient les unionistes, dirigés par le premier ministre Robert Borden, croyaient le gouvernement justifié d'obliger tous les hommes canadiens valides à s'enrôler dans les forces armées et à mourir peut-être pour leur pays dans la guerre qu'il livrait contre l'empire germanique. Ceux qui préféraient les libéraux, dirigés par sir Wilfrid Laurier, s'opposaient au service obligatoire.

Ses compagnons de voyage entrèrent dans le compartiment et Laurier tendit la main pour prendre les télégrammes. L'espace d'un instant, saisi de doute, il hésita, les feuillets à la main. Après avoir parcouru le premier, il éprouva un choc douloureux. L'Ontario, la province qui comptait le plus grand nombre de sièges au Parlement, s'était majoritairement prononcée en faveur des unionistes. Assommé, il poursuivit sa lecture. Les libéraux avaient raflé le Québec et remporté plus de circonscriptions que prévu dans les Maritimes, mais ces nouvelles ne pouvaient le consoler. Même s'il devait attendre le matin pour connaître les derniers résultats des provinces de l'Ouest, dans son cœur, il sentait que là aussi les électeurs l'auraient rejeté.

Comme il avait appris à le faire dès son enfance, Laurier enfouit ses sentiments au fond de lui, mais quand ses compagnons sortirent pour le laisser prendre un peu de repos, il resta éveillé. Assis bien droit dans sa couchette, il regarda par la fenêtre défiler les arbres sous la neige, semblables à des fantômes dans la nuit.

Il affrontait sa plus grande peur, celle de voir son bien-aimé Canada déchiré par des factions politiques. Rien n'avait autant menacé l'unité canadienne que cette question de conscription. Et voilà que son pire cauchemar était devenu réalité : les résultats de l'élection avaient divisé le Canada en deux parties distinctes, hostiles l'une à l'autre.

Il avait suffi d'une journée pour anéantir le travail de toute une vie. Des questions résonnaient dans son esprit tandis que les roues du train cliquetaient sur les rails. Tant d'efforts avaient-ils été vains ? Aurait-il dû rester en dehors de la politique ?

Arrivant à proximité d'un passage à niveau, le train fit entendre un long sifflement aigu qui déchira le silence de la nuit. Sir Wilfrid tourna nerveusement sa tête sur l'oreiller et ferma les yeux. Non ! Cela avait été son devoir — sa passion — de lutter pour tenir le serment qu'il avait fait au Canada longtemps auparavant…

« Je n'ai pas l'intention d'oublier mes origines… »

Laurier est né dans cette maison et il y a vécu jusqu'à l'âge de dix ans. Située dans le village de Saint-Lin, au Québec, elle a été construite par Carolus, le père de Wilfrid.

1

Racines canadiennes

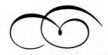

Wilfrid Laurier était un Canadien de septième génération. Comme ses ancêtres, il fut élevé en français et dans la foi catholique.

Les racines canadiennes de Laurier remontaient à près de deux siècles, aux premiers jours de la colonie en Nouvelle-France. Un de ses ancêtres, Augustin Hébert, faisait partie du petit groupe d'aventuriers français qui, dirigés par Paul Chomedey de Maisonneuve, fondèrent Montréal en 1642. Originaire de Laon, dans le nord de la France, Hébert perdit la vie au cours d'une escarmouche avec les Iroquois en 1662.

Trois ans plus tard, François Cotineau-Champlaurier quitta Saint-Cloud, dans le nord de la

France, et débarqua à Montréal. Il était soldat au sein du célèbre régiment Carignan-Salières venu en Nouvelle-France assurer la protection des habitants dans leur incessante lutte contre les Iroquois.

Avant d'avoir terminé son service militaire, Cotineau-Champlaurier épousa Madelaine Milot, une petite-fille d'Augustin Hébert. Leurs fils et les générations ultérieures des Cotineau-Laurier — le nom qu'ils avaient adopté — prospérèrent. À la recherche d'une terre plus fertile, ils quittèrent l'île de Montréal et s'installèrent à la campagne. Ils trouvèrent ce qu'ils cherchaient sur les berges de la rivière Achigan, au nord-ouest de Montréal, à l'entrée de la chaîne des Laurentides.

Carolus, père de Wilfrid, naquit en 1815. Son propre père ayant laissé tomber le nom de Cotineau, il fut baptisé tout simplement sous celui de Laurier. Peu après son mariage avec Marcelle Martineau, le couple bâtit une maison dans le village de Saint-Lin. Tout en continuant à cultiver la terre héritée de son père, Carolus consacra beaucoup de temps à pratiquer sa profession d'arpenteur-géomètre.

Le 20 novembre 1841, Marcelle donna naissance à un fils, Henry-Charles-Wilfrid. Lectrice passionnée, Marcelle donna probablement à son fils le nom d'un de ses héros littéraires, Wilfrid, personnage d'*Ivanhoé* de sir Walter Scott. Elle aimait la musique et la peinture tout autant que les livres, et elle ne cessa d'inciter le jeune Wilfrid à lire. Elle fut également enchantée en découvrant qu'il avait une très jolie voix. Malheureusement, elle lui transmit probablement aussi un handicap physique qui le rongea tout au long de sa vie :

des poumons fragiles. Mais ça, elle ne le saurait jamais parce que, atteinte de tuberculose, elle succomba à l'âge de trente-trois ans.

Après la mort de Marcelle, Carolus trouva difficile de s'occuper d'un jeune fils et d'une fille maladive, Malvina, qui avait les mauvais poumons de sa mère. Il demanda bientôt la main d'Adeline Éthier, et elle accepta. Pendant plusieurs années, Adeline avait aidé Marcelle dans ses tâches domestiques et lui avait servi d'infirmière au cours des derniers mois de sa vie. Wilfrid et Malvina aimaient tous deux Adeline, qui s'inséra facilement dans leur existence. C'était une personne affectueuse, bonne, et elle traita Wilfrid et Malvina avec le même amour qu'elle montra plus tard aux enfants qu'elle eut de Carolus. Wilfrid lui rendit son amour et lui resta toujours attaché.

Son père exerça toutefois une plus grande influence sur lui. Wilfrid aimait et respectait Carolus. Bel homme aux manières détendues et cordiales, son père était apprécié par sa communauté, qui avait confiance en lui. Il assuma pendant plusieurs années la fonction de maire de Saint-Lin. Intelligent, il cultivait des intérêts variés et savait s'exprimer avec force et clarté sur un grand nombre de sujets. Tout en demeurant un loyal catholique et en assistant régulièrement à la messe, il s'opposait vivement à l'Église chaque fois qu'elle tentait d'interférer dans les affaires politiques. Souvent, avec le jeune Wilfrid dans son sillage, il s'arrêtait pour bavarder avec le curé dans la rue principale de Saint-Lin.

«Bonjour, monsieur Carolus, lui dit le prêtre un matin. Et, si je puis me permettre, comment le maire

prévoit-il améliorer la Terre et le ciel aujourd'hui ?»
demanda-t-il avec humour.

Avec un grand sourire, Carolus inclina son
chapeau. «Ah! mon père, vous me donnez beaucoup
trop de crédit. C'est à peine si j'arrive à m'occuper de
ma propre partie. Je pense que je vais devoir vous
laisser le ciel.»

Après un salut respectueux, Carolus poursuivit son
chemin, non sans avoir adressé un clin d'œil à Wilfrid
et lui avoir pressé la main. Wilfrid lui serra la main en
retour et, les épaules rejetées en arrière, il marcha
fièrement à côté de son père.

Carolus avait le don de discuter sans que jamais sa
voix ou son attitude expriment colère ou mépris, un
trait que Wilfrid adopta. Par la suite, ce don allait lui
permettre de conserver ses amis, même quand il était
en désaccord avec eux.

Un autre trait de caractère qu'il hérita peut-être de
son père vint de l'expérience de ce dernier comme
arpenteur-géomètre. En le regardant régler des chicanes
de territoires, Wilfrid finit par croire que la plupart des
disputes avaient au moins deux côtés et qu'un
compromis était souvent nécessaire. L'idée lui resta.

Carolus croyait en l'éducation, qui revêtait pour
lui une importance capitale. Il était convaincu que,
pour réussir dans la vie, Wilfrid allait devoir apprendre
plus que les connaissances de bases considérées à
l'époque comme nécessaires par la majorité des gens.
Il n'y avait pas d'école pour garçons à Saint-Lin, et ce
furent donc ses parents qui lui firent la classe jusqu'à
l'âge de dix ans. Carolus décida alors que le moment
était venu pour son fils d'entreprendre des études

sérieuses, non pas en français, sa langue maternelle, et pas même dans son village natal. À cette époque, toutes les entreprises importantes au Canada étaient aux mains des *Anglais*°. Pour cette raison, Carolus voulut que Wilfrid soit bilingue.

Le village de New Glasgow se trouvait à douze kilomètres à l'ouest de Saint-Lin, un trajet d'une heure en calèche sur la route qui longeait l'Achigan. Sauf quelques familles canadiennes-françaises, la majorité des huit cents habitants descendaient d'immigrants irlandais et écossais anglophones. Les parents qui voulaient voir leurs enfants poursuivre des études les envoyaient à l'école Fort Rose. Perchée au sommet d'une colline surplombant la rivière Achigan, l'école accueillait garçons et filles, tant catholiques que protestants. L'unique professeur, qui enseignait toutes les matières à tous les niveaux, était Sandy Maclean, un Écossais protestant.

Carolus s'organisa pour que Wilfrid habite chez les Kirk, une famille catholique irlandaise, et travaille quelques heures par semaine à la boutique du tailleur John Murray, un autre Écossais. L'enfant de dix ans dut éprouver un choc d'être ainsi séparé de sa famille. Le jeune Wilfrid ne pouvait retourner chez lui que pour de brefs séjours ainsi qu'à Noël et à Pâques. Il parvint pourtant à refouler sa tristesse et son sentiment de solitude. Comme l'école répondait au désir de son père, il essaya de paraître joyeux et d'accepter son nouvel environnement. Tout compte fait, il fut heureux pendant les deux années qu'il passa à New Glasgow.

° Les mots en italique suivis d'un astérisque sont en français dans le texte.

Grâce à l'aide de Sandy Maclean et de John Murray, Wilfrid apprit l'anglais remarquablement vite. Son professeur lui enseigna la grammaire et lui fit connaître quelques ouvrages classiques en langue anglaise. Ceci marqua le début d'une fascination pour la littérature anglaise, fascination qui allait le suivre toute sa vie. Pour sa part, le tailleur lui fit lire la Bible en anglais, la version protestante du roi Jacques. Wilfrid était curieux et il avait l'esprit ouvert. Par-dessus tout, il voulait passionnément apprendre l'anglais. Même s'il était catholique, il choisit de suivre les cours de religion protestante et il écoutait avec une vive attention quand John Murray lisait la Bible à voix haute. Il apprit à aimer la beauté du texte et il continua à lire cette Bible à l'occasion pendant le reste de sa vie.

En septembre 1854, âgé de treize ans, Wilfrid était prêt à entrer au collège de L'Assomption, un établissement catholique pour garçons, qui préparait les élèves à la prêtrise et aux professions libérales. Situé dans le village de L'Assomption, à trente-trois kilomètres à l'est de Saint-Lin, le collège était très différent de l'école Fort Rose. La vie au collège se résumait à la discipline et aux règles, à l'étude et à la prière. Pendant sept ans, chaque matin de l'année scolaire, Wilfrid, qui logeait dans une pension, dut se lever aux aurores, s'habiller et se hâter de se rendre au collège pour être à sa place dans la chapelle à 5 h 45. Après les prières, lui et ses compagnons étudiaient pendant une heure avant de retourner à la chapelle pour assister à la messe de 7 h. Après la messe, il courait à la pension pour déjeuner en vitesse. Puis, de 8 h à 11 h 45, avec une seule pause de quinze minutes, il suivait ses cours. Après le repas du midi, il retournait en classe à 13 h pour cinq heures de cours et d'étude, avec une seule récréation de vingt-cinq minutes. À 18 h, il y avait une demi-heure de lecture pieuse, puis le souper à 18 h 30 à la pension. De retour à la chapelle à 20 h pour les prières, il rentrait ensuite chez lui et se couchait à 21 h.

C'était là un horaire exigeant. De plus, les règlements du collège sur l'assiduité étaient rigides. Les garçons restaient au collège de septembre à juillet, y compris les jours de congé. Mais Wilfrid avait déjà l'habitude de vivre loin de sa famille et il pouvait voir les siens à l'occasion de leurs brèves visites à Noël et à Pâques. Comme avant, il refoula ses sentiments de regret et de solitude et s'efforça de s'adapter. Son assurance augmenta peu à peu tandis qu'il apprenait à prendre certaines décisions sans l'avis parental. Il mûrissait rapidement.

Et on ne faisait pas que travailler au collège. Le jeudi était habituellement un jour de congé, que les compagnons de Wilfrid passaient à jouer ou à faire des randonnées. Wilfrid les accompagnait parfois. Mais, le plus souvent, lui et ses amis préféraient parler de tout et de rien en se baladant le long d'un ruisseau qui serpentait dans la forêt.

Wilfrid aimait les jeux, mais avant son arrivée à L'Assomption, il avait déjà compris qu'il ne pouvait participer aux activités physiques. S'il fallait courir ou sauter, il se mettait bientôt à tousser, à bout de souffle. S'il ne s'arrêtait pas, il se retrouvait plié en deux, pris d'une quinte de toux qui pouvait durer plusieurs minutes. À L'Assomption, l'état de Wilfrid, alors âgé de dix-sept ans, entra dans une nouvelle phase.

Malgré un rhume, il ne put supporter l'idée de rater sa sortie du jeudi avec ses camarades. C'était une journée d'hiver glaciale ; lui et son ami Oscar Archambault marchaient sur la rive de leur cours d'eau préféré. Soudain, il ressentit une violente douleur à la poitrine. Il fut alors saisi d'une quinte de toux caverneuse ; il tremblait de la tête aux pieds et sa tête se balançait d'avant en arrière. Il porta instinctivement ses mains gantées à sa bouche. Mais il était incapable d'arrêter les assauts de douleur qui venaient chaque fois qu'il toussait. Au bord de la panique et désireux d'être seul, il franchit en courant la courte distance qui le séparait de la forêt, laissant son compagnon qui, horrifié, était resté planté là. Il fut incapable d'aller très loin. Hors d'haleine et affaibli par les convulsions, il s'écroula dans la neige. La toux se calma peu à peu et, lorsqu'il se redressa sur ses genoux, il sentit dans sa bouche quelque chose de chaud et de visqueux. Il regarda ses gants et vit qu'ils étaient couverts de sang. Il se hâta d'enfouir ses mains dans la neige et lava son visage, ses gants et son manteau tachés.

À ce moment-là, Oscar, revenu de sa stupeur, accourut auprès de Wilfrid. Ils sortirent ensemble des bois et rentrèrent à la pension où Wilfrid se mit au lit.

Il récupéra près plusieurs jours de repos. À l'avenir, il devrait s'aliter chaque fois qu'il sentirait les symptômes d'un rhume. Les saignements furent toutefois récurrents pendant de nombreuses années. En plus de l'affaiblir, ces attaques le laissaient terrifié et déprimé. Il allait devoir vivre avec ce cauchemar.

Heureusement, même s'il ne pouvait participer aux sports violents, ses camarades ne le méprisaient pas. Wilfrid était apprécié à L'Assomption.

Au collège, l'enseignement était principalement axé sur les langues : le français, le latin, l'anglais et un peu de grec. Il y avait également des cours d'histoire, de mathématiques et de philosophie. Wilfrid réussissait dans toutes ces matières, mais il aimait les mots par-dessus tout. Il les aimait autant en français qu'en anglais et en latin. Par la suite, il emporterait des livres de poésie latine quand il partirait en vacances. Le dimanche, chez lui, il passerait des heures à lire les milliers de livres de littérature française et anglaise qui garnissaient les étagères de sa bibliothèque de plus en plus considérable.

À L'Assomption, il transforma son amour des mots en un nouveau talent, l'art oratoire. Il découvrit qu'il adorait préparer une argumentation pour un débat. Il apprit aussi à compter sur son incroyable mémoire. À cette époque, il ne se servait que de ses notes, une attitude qu'il conserva pendant le reste de sa carrière. L'aspect spectaculaire des débats l'attirait tout autant que les mots. Se lever quand tous les yeux sont fixés sur soi, faire valoir son point de vue, convaincre les auditeurs... C'était grisant pour le jeune Wilfrid, une façon de montrer que, malgré son handicap, il était fort et compétent. Quand il parlait, tout le monde l'écoutait en silence. Sa voix, à la fois harmonieuse et puissante, portait ses mots aux quatre coins de la pièce. Il était sincère et se tenait bien, et il avait appris à éviter les gestes exubérants. Mais il convainquait surtout ses auditeurs par sa manière de tisser les mots dans une argumentation logiquement construite. Il devint l'un des meilleurs orateurs et dialecticiens de L'Assomption.

Sa passion pour le débat l'entraîna bientôt au tribunal local où il observait les avocats plaider leurs causes. Pendant sa troisième année au collège, il commença à assister à de courtes audiences. Il était particulièrement impressionné par l'avocat Joseph Papin. Diplômé de L'Assomption, Papin appartenait à un groupe politique appelé les Rouges, honni par la majorité des prêtres. La première fois que Wilfrid l'entendit prononcer un discours politique, il fut tétanisé. Jamais auparavant des mots ne lui avaient semblé plus convaincants. Après cela, chaque fois que Papin plaidait au tribunal, rien n'aurait pu empêcher Wilfrid d'aller l'écouter.

Il y avait toutefois un prix à payer pour ce plaisir. L'une des premières fois qu'il se trouvait au tribunal pour entendre Papin, Wilfrid s'aperçut soudain que, s'il ne partait pas immédiatement, il serait en retard à son cours. Il savait comment on punissait un retard ou une absence. Que faire? Il prit rapidement sa décision. Il était beaucoup trop intéressé par la cause pour songer à partir.

Il retourna un peu plus tard au collège et, après avoir frappé doucement à la porte, il entra dans la classe. Debout à l'avant de la salle, le prêtre baissa le livre qu'il tenait et se tourna vers Wilfrid. Les sourcils froncés, il s'adressa au retardataire sur un ton glacial.

« Eh bien, Laurier. Vous connaissez les règlements. Allez immédiatement prendre place. »

Sans répliquer, Wilfrid traversa la pièce et s'agenouilla devant les autres élèves sur le plancher de bois. Il redressa le dos, laissa tomber ses bras de chaque côté et regarda droit devant lui.

La salle était plongée dans un silence absolu. Puis, le prêtre reprit la parole.

« Étant donné votre retard, Laurier, vous resterez ainsi sans bouger pendant au moins une heure. J'évaluerai alors si vous avez eu le temps de voir clairement l'erreur de votre conduite. »

Ce ne fut de toute évidence pas le cas. Au cours des quatre années qui suivirent, à chaque audience du tribunal, Wilfrid se présenterait de nouveau en retard à ses cours et se soumettrait à cette forme de sanction. Avant de quitter L'Assomption, il aurait pris la décision de devenir lui-même avocat. Papin exerça également une autre forme d'influence sur lui. Tout en étant moins intéressé par la politique que par le droit, Wilfrid souhaitait désormais ardemment en apprendre davantage sur les Rouges.

Il gradua de L'Assomption au printemps 1861, quelques mois seulement avant son vingtième anniversaire. Il avait beaucoup grandi et mesurait maintenant 1,85 mètre ou un peu plus de six pieds. Il avait les épaules larges, une épaisse chevelure châtaine bouclée, un long nez mince et une bouche bien dessinée. Mais il était maigre et la maladie qui s'accrochait à lui comme une ombre lui donnait parfois un aspect pâle et fatigué. Allait-il mourir jeune ? Comme sa sœur Malvina ? Comme sa mère ? Malgré ces doutes, il avait de plus en plus confiance en lui, conscience de ses talents. Wilfrid Laurier allait faire son entrée dans le monde adulte.

Étudiant à l'Université McGill, Laurier a fait ce serment:
«Sur mon honneur, je m'engage à consacrer ma vie à la cause
de la conciliation, de l'harmonie et de la concorde au sein
des différents éléments de ce pays qui est le nôtre.»

2

Le secret de l'avenir

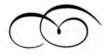

En 1861, Laurier décida d'embrasser la profession d'avocat et ce choix le conduisit à l'Université McGill, la seule institution où il pourrait étudier le droit français et le droit anglais. Pour vraiment réussir, il devait connaître les deux systèmes juridiques. Il aurait besoin de toute l'ambition qu'il pourrait rassembler pour s'ajuster à un changement de vie aussi draconien. C'était un pas de géant que de quitter le minuscule village de Saint-Lin pour atterrir à Montréal, la plus grande ville du Canada, avec ses 90 000 habitants. Le brouhaha de la métropole était beaucoup plus excitant que tout ce que Laurier avait connu jusque-là.

La vie étudiante était aussi très différente de celle de L'Assomption. À McGill, il n'y avait pas de prêtres, pas de règlements stricts, et peu de cours. Tous les après-midi, Laurier se hâtait d'arriver au Burnside Hall, le pavillon où, de 16 h à 18 h, il assistait à son cours quotidien donné par un des professeurs de droit.

De 8 h à 15 h 30, Wilfrid travaillait au cabinet d'avocat de Rodolphe Laflamme. Il avait rencontré ce dernier, un avocat montréalais très respecté, professeur à la Faculté de droit, dès son arrivée à McGill. Impressionné par Laurier, Laflamme avait proposé au jeune homme de faire un stage auprès de lui. Ainsi, il travaillerait chaque jour au bureau de Laflamme et prendrait de l'expérience. En retour, Laflamme paierait ses frais de scolarité à McGill.

Après le cours quotidien, Laurier consacrait la majeure partie de ses soirées à l'étude ou à terminer le travail juridique qu'il avait apporté chez lui. Il se plongeait ensuite dans les livres empruntés à la bibliothèque. Jamais il n'avait vu autant de livres! Son initiation à la littérature anglaise à New Glasgow et à la littérature française à L'Assomption lui avait donné un appétit qu'il pouvait désormais satisfaire avec joie. Ses auteurs préférés étaient Shakespeare, Burns, Milton et Macaulay. Pour améliorer sa connaissance des deux langues, il traduisait certains passages des livres qu'il lisait d'une langue à l'autre. Pour améliorer sa prononciation en anglais, il lisait souvent à voix haute.

Il consacrait aussi beaucoup de temps à l'art oratoire. À partir de l'expérience glanée à L'Assomption, il peaufina son éloquence. Il apprit à raffiner son argumentation et à détecter les défauts dans celle de ses adversaires. Il devint donc l'un des orateurs les plus respectés de l'université.

Pendant les trois années qu'il passa à McGill, Laurier commença à s'intéresser à la politique. Cet intérêt fut en partie la conséquence de son travail auprès de Laflamme, un membre important du Parti rouge, ou libéral. Son cabinet servait de lieu de réunion pour les membres éminents du parti. Laurier s'aperçut qu'il avait beaucoup en commun avec les Rouges. Comme eux, il était convaincu que seul le changement pourrait conduire au progrès. Il croyait lui aussi à la liberté d'opinion et de parole, et en voulait profondément à l'Église catholique de dicter à ses fidèles comment voter. Selon l'Église, les libéraux voulaient détruire le catholicisme. Tout catholique appuyant le libéralisme courait le risque d'être excommunié.

De nombreux catholiques fidèles se conformèrent. Selon eux, l'Église et son chef, le pape à Rome, devraient détenir plus de pouvoir qu'un gouvernement élu. On qualifiait ces catholiques d'ultramontains. Ils acceptaient volontiers les règles édictées par le pape sur n'importe quel sujet, parce qu'ils croyaient qu'il parlait au nom de Dieu.

La menace de l'excommunication ne faisait pas peur à Laurier, mais il commençait à comprendre l'importance de l'influence exercée par l'Église sur la politique. Avant la fin de ses trois années à McGill, il avait développé une passion pour la politique aussi forte que sa passion pour les mots. Il révéla ses sentiments le jour de la remise des diplômes à l'université.

La collation des grades à McGill eut lieu le mercredi 4 mai 1864, par une belle journée ensoleillée.

Les cérémonies se tinrent au Molson Hall, un pavillon récemment construit sur les pentes du mont Royal surplombant la ville. Les parents et amis des quelque deux cents diplômés remplissaient l'auditorium. Le père de Wilfrid, Carolus, était présent.

Quand les étudiants eurent reçu leur diplôme, Laurier se leva de son siège et se dirigea vers le lutrin. Bien que choisi comme major de sa promotion par ses confrères, il était loin de paraître impressionnant. Incapable de s'offrir des vêtements plus élégants, il portait un vieux veston et un pantalon froissé. Il feuilleta nerveusement ses notes, toussota deux fois et, après une pause, il se lança. En français, il mit d'abord l'accent sur le sens de la justice et sur les responsabilités d'un avocat. Il aborda ensuite la politique. «Nous pouvons nous glorifier que les conflits raciaux soient désormais chose du passé en sol canadien, dit-il. Il n'y a maintenant plus d'autre famille que la famille humaine. La langue qu'on parle ou l'autel devant lequel on s'agenouille n'importent plus... Glorifions-nous de cette fraternité qui fait la fierté du Canada. Des pays puissants pourraient vraiment venir apprendre ici une leçon de justice et d'humanité... Au Canada, la mission d'un homme de loi embrasse la justice... le patriotisme.. et l'union entre les peuples, qui est le secret de l'avenir.»

Puis, se tournant vers ses confrères, il conclut: «À présent, messieurs, nous voyons l'objectif. Il nous incombe de nous assurer que nos efforts en soient dignes.»

C'était également l'objectif personnel de Laurier. Dans un discours qu'il prononça plus tard devant la

Société des étudiants de la Faculté de droit de McGill, il exprima de façon encore plus claire ses intentions : « Sur mon honneur, je m'engage à consacrer ma vie à la cause de la conciliation, de l'harmonie et de la concorde au sein des différents éléments de ce pays qui est le nôtre. »

Ce serment, il ne l'oublia jamais.

∽

Si le but immédiat de Laurier était moins noble, il était toutefois absolument nécessaire. Il devait gagner sa vie comme avocat. Mais sa carrière commençait mal ; après avoir obtenu son diplôme, aucune des associations qu'il tenta au cours des deux premières années ne se révéla fructueuse. Travaillant de longues heures, il se mit à perdre du poids et à s'affaiblir. Il finit par tomber malade. En octobre 1866, après d'incontrôlables quintes de toux, il commença à cracher du sang et s'effondra dans son bureau. Alors qu'il était alité sous les soins d'un médecin, Antoine-Aimé Dorion, chef du Parti rouge, vint lui présenter une proposition qui pourrait, espérait-il, leur être à tous deux bénéfique. Il avait fait la connaissance de Laurier dans le bureau de Laflamme. Jusqu'à sa mort survenue peu de temps auparavant, le frère de Dorion publiait un petit journal, *Le Défricheur*, à L'Avenir, un village des Cantons-de-l'Est. C'était le seul journal de la région et le parti comptait sur lui pour transmettre le message des Rouges à ses lecteurs.

Laurier était un rouge, il connaissait le programme du parti et il savait écrire. Accepterait-il de se

charger du journal ? Ce n'était qu'un petit hebdoma-
daire, et il pourrait facilement trouver du temps pour
pratiquer le droit dans la région. Le rythme lent de la
vie et l'air pur de la campagne seraient excellents pour
ses poumons. Plein d'espoir, Laurier accepta. En novembre 1866, il ouvrit un cabinet à L'Avenir.

Malheureusement, personne ne parut s'intéresser
à ses talents d'avocat ou de journaliste, et sa santé ne
s'améliora pas. Le village avait beau s'appeler L'Avenir,
il n'y en avait aucun pour lui là-bas. Après un mois, il
alla s'installer à Victoriaville.

Là, sa situation se détériora encore davantage.
Sans le savoir, il était tombé dans un piège préparé par
monseigneur Laflèche, un ultramontain qui allait
bientôt devenir l'évêque de Trois-Rivières. Aussitôt
que Laurier arriva à Victoriaville au début de janvier 1867, une attaque virulente fut lancée contre *Le
Défricheur* et contre lui personnellement. Chaque
prêtre de la région le dénonça comme un monstre
dangereux, un libéral déterminé à détruire l'Église et
toutes les valeurs qu'elle prônait. La campagne contre
Laurier se poursuivit sans relâche pendant trois mois.
Chaque dimanche, en chaire, les prêtres avertissaient
leurs ouailles qu'ils commettraient un péché mortel en
achetant *Le Défricheur*. Tout catholique qui lisait le
journal pouvait perdre la possibilité d'aller au ciel.

Laurier se défendit dans les pages du *Défricheur*.
Dans un numéro après l'autre, il nia les accusations
portées par l'Église et exposa les convictions du parti.
Les Rouges, souligna-t-il, n'avaient aucunement l'intention de fermer les églises et de mettre fin au culte
rendu à Dieu.

Ce fut un combat inégal. Terrorisés par les menaces des curés, de nombreux catholiques craignaient la damnation éternelle. La plupart cessèrent d'acheter le journal. Les ventes diminuèrent. En outre, l'anathème jeté sur le libéralisme condamnait Laurier tant comme avocat que comme journaliste. Sa pratique du droit fut un échec.

Comme c'était si souvent arrivé par le passé quand il avait trimé dur et qu'il était sous pression, sa santé déclina. Couvert de dettes, physiquement affaibli et frustré par son incapacité d'affronter l'ennemi, Laurier n'eut pas d'autre choix que de déclarer faillite et d'annoncer la fermeture du *Défricheur*. La première bataille de la guerre entre l'Église catholique et Wilfrid Laurier venait de prendre fin.

Il apprit une douloureuse leçon de cette défaite écrasante. Il allait devoir gagner sa vie avant de participer à des campagnes politiques. Pour réussir comme avocat, il devait cependant trouver où s'installer. Il aimait bien la région de Victoriaville et, heureusement, la ville d'Arthabaska se trouvait à proximité. Située dans une jolie vallée à la jonction de deux rivières et proche des monts Allegheny, Arthabaska avait une fraîcheur qui plaisait à Laurier. Accueillant également le tribunal du comté, c'était l'endroit rêvé pour un avocat. À la recherche d'un logis, il rencontra le Dr Méderic Poisson et son épouse, qui avaient une chambre à louer. Le boudoir ensoleillé était assez grand pour les étagères dont il avait besoin pour ses livres bien-aimés. Et il y avait un bureau à louer tout près. En septembre 1867, il emménagea à Arthabaska et ouvrit son cinquième cabinet.

Photographiée vers la fin de la trentaine, Zoé a consacré une grande partie de son temps à œuvrer au sein de différentes organisations charitables et sociales catholiques à Arthabaska.

3

Un engagement

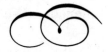

Pendant les sept années qu'il avait passées à
L'Assomption, Laurier avait concentré son énergie
sur ses études, la lecture et l'art oratoire. Il n'avait pas
eu beaucoup de temps pour des intérêts extérieurs, et
certainement pas pour les histoires d'amour. La
population de L'Assomption était peu nombreuse, et le
collège était réservé aux garçons. Wilfrid Laurier
n'avait jamais eu de petite amie.

Mais les choses changèrent pendant sa première
année à McGill. Il louait une chambre chez le
Dr Séraphin Gauthier et sa femme, Phoebé. Parmi les
autres pensionnaires, il y avait une dame Lafontaine et
sa fille, Zoé. Celle-ci enseignait le piano, dont elle
jouait avec brio. Les invités se présentaient en grand

nombre le dimanche après-midi pour l'écouter et pour grignoter, bavarder, danser et chanter. Zoé, qui avait quelques mois de plus que Laurier, était plutôt timide et frêle ; son opulente chevelure brune était séparée au milieu par une raie. Laurier fut d'abord attiré par ses yeux et, après quelque temps, il se mit à observer Zoé pendant qu'elle jouait et que les invités se regroupaient autour d'elle. Un jour qu'elle jouait seule, elle lui sourit. Prenant son courage à deux mains, Laurier s'avança et l'accompagna en chantant de sa belle voix. Bientôt, ils s'assirent ensemble chaque fois que Zoé n'était pas au piano, ou bien ils s'échappaient pour aller faire de longues promenades. Wilfrid et Zoé étaient amoureux.

Elle lui ouvrit un monde entièrement nouveau et ils s'attachèrent profondément l'un à l'autre. Au fil des mois, Laurier se sentit heureux comme il ne l'avait jamais été auparavant et il aurait été satisfait de continuer ainsi indéfiniment.

Mais Zoé voulait plus.

Désirant être seuls, ils quittèrent une des réunions sociales du dimanche après-midi chez les Gauthier et allèrent se promener dans un parc des environs. Au bras de Laurier, Zoé le guida vers un banc.

Elle avait parlé avec animation, mais à présent, elle était silencieuse. Inquiet, Laurier enleva son bras autour des épaules de Zoé et se tourna vers elle. « Que se passe-t-il, Zoé ? »

Il y eut un long silence. Puis, serrant les mains de Wilfrid, elle le regarda dans les yeux. « Je... Je t'aime, Wilfrid, bredouilla-t-elle. Il n'y aura personne d'autre dans ma vie. Tu le sais, j'en suis sûre ! Et je pense que tu m'aimes aussi.» Elle rougit et baissa un instant les yeux avant de poursuivre. «Alors pourquoi, oh! pourquoi n'as-tu jamais prononcé le mot mariage?»

Elle sentit les doigts de Wilfrid se raidir. «Mais Zoé, bafouilla-t-il, tu dois sûrement comprendre pourquoi.» Muette, elle secoua la tête. «Quel avenir aurais-tu avec moi? reprit-il. J'ai très probablement la tuberculose. C'est la maladie à laquelle ma mère, puis ma sœur, ont succombé. Tu sais que j'ai les poumons fragiles et que je ne peux marcher très longtemps sans devoir m'arrêter pour me reposer. Tu étais avec moi quand j'ai eu une de mes quintes de toux. Grâce au ciel, au moins tu n'as pas été témoin d'une hémorragie. Crois-moi, ma chère Zoé, je n'ai aucune idée du temps qu'il me reste à vivre.»

Elle ouvrit la bouche pour protester, mais il tendit la main et posa son index sur les lèvres de Zoé. «Attends, ce n'est pas tout. Il me faudra des années avant de gagner dignement ma vie, et un avocat n'a pas de revenus réguliers. Quand j'ouvrirai mon propre cabinet, je devrai attendre et espérer que des clients fassent appel à mes services. Un jour peut-être, dans un avenir lointain, je réussirai, mais je ne peux rien promettre. Ce n'est pas suffisant pour penser au mariage.

— Je sais tout ça! explosa Zoé. Mais ta santé peut s'améliorer avec le temps, Wilfrid. Et nous avons évidemment besoin de plus d'argent, mais j'ai confiance en toi. Je suis convaincue que les clients viendront à toi! Et je peux contribuer en donnant des cours de piano.»

Elle se pencha en avant et lui pressa les mains. «Nous nous aimons, et c'est ce qui importe. Ne pouvons-nous laisser l'amour nous guider?» insista-t-elle.

Mais Laurier était entêté. Malgré ses sentiments pour Zoé, il était alors incapable de voir l'autre côté de la médaille. Peut-être craignait-il de voir les soucis familiaux s'interposer entre lui et ses ambitions. Il resta sur ses positions et, lorsqu'ils comprirent que cela ne pouvait que provoquer de l'amertume, ils finirent par clore la discussion. Peu à peu, ils s'éloignèrent l'un de l'autre.

C'est alors que Laurier quitta Montréal pour L'Avenir. Pendant qu'il s'installait dans son nouvel environnement, il correspondit avec Zoé, mais leurs lettres manquaient de chaleur. Laurier savait qu'il avait un rival. Il s'agissait de Pierre Valois, un étudiant en médecine qui avait rencontré la jeune fille chez les Gauthier et qui était rapidement tombé amoureux d'elle. Pendant quelque temps, Zoé ne lui manifesta aucun encouragement; elle espérait un signe montrant que Wilfrid avait changé d'idée.

Mais rien ne vint. Laurier vivait une situation catastrophique à L'Avenir et à Victoriaville et il avait perdu tour à tour son journal, son cabinet d'avocat et sa santé. Même après son emménagement à Arthabaska, quand les clients eurent commencé à se présenter à son bureau, il continuait à craindre le pire. Oh! il aimait Zoé, là n'était pas la question! Mais, comparé à Valois, qu'avait-il à lui offrir?

Un an passa. Dans l'intervalle, ils se rencontrèrent à l'occasion des quelques visites que Laurier fit à Montréal et ils s'écrivirent de temps à autre, mais Laurier refusait obstinément d'aborder la question du mariage. Quant à Pierre Valois, il était en santé et sûr du succès. Il voulait épouser Zoé et attendait impatiemment qu'elle lui donne une réponse positive, ce qu'elle finit par faire. Elle accepta d'épouser Valois en mai 1868.

En janvier, elle écrivit à Laurier pour lui apprendre la nouvelle. Même s'il s'y attendait, il éprouva un choc. Morose, il se dit que le travail l'aiderait à faire taire ses sentiments. C'était vrai, Zoé était la première femme qu'il avait tenue dans ses bras et embrassée, la seule femme qu'il avait aimée, mais, après tout, il n'était âgé que de vingt-six ans. Il rencontrerait quelqu'un d'autre... peut-être..

Il s'attela donc à son travail avec plus d'acharnement que jamais. Son nom devint plus connu et il fut occupé pendant l'hiver et le début du printemps. Le 12 mai, en fin d'après-midi, alors qu'il travaillait à une cause qu'il devrait plaider au tribunal deux jours plus tard, il reçut un télégramme de Montréal. Le message, envoyé par le Dr Séraphin Gauthier, était bref: «Venez tout de suite. Urgent.»

Laurier était déconcerté. Une seule raison pouvait expliquer la requête de Séraphin. Elle devait concerner Zoé. Sa santé? Non, probablement pas; si elle avait été malade, Séraphin l'aurait dit. Alors, pourquoi devait-il aller à Montréal? Il ne restait plus que quelques semaines avant son mariage avec Valois. Il décida d'ignorer le télégramme.

Mais il ne parvenait pas à l'oublier. Pendant plusieurs heures, il essaya de travailler, mais ses pensées allaient et venaient... Devait-il?... Ne devait-il pas?... Un deuxième télégramme arriva alors, plus pressant. Il se décida enfin. Il ne pouvait chasser Zoé de son esprit et de son cœur. Il devait y aller. Il avait tout juste le temps d'attraper le train de minuit.

Après une nuit sans sommeil, exténué, pas rasé, ses vêtements chiffonnés, il descendit en titubant du train juste avant 8 h. Gauthier l'attendait et conduisit Laurier à son bureau.

«Enlevez votre chemise, ordonna-t-il, et installez-vous sur la table d'examen. Je veux vous ausculter.»

Laurier fit ce que le médecin lui demanda durant l'examen. Puis, comme il reboutonnait sa chemise, le Dr Gauthier le regarda droit dans les yeux.

«Wilfrid, je vous ai déjà examiné auparavant, et ce que je constate aujourd'hui m'incite à vous répéter ce que je vous ai déjà dit. Comme n'importe quel médecin, je peux me tromper, mais je suis convaincu que vous n'avez pas la tuberculose. Bien sûr, nous savons tous deux que vos poumons sont faibles. Ils vous ont causé des problèmes, et je crois qu'ils vous en causeront encore. Mais vous n'êtes pas en danger de mort. Vous souffrez de bronchite chronique, et cela se contrôle. Je ne peux vous promettre que vous n'aurez pas d'attaque dans l'avenir, mais si vous suivez mes conseils, je suis sûr que vous vivrez aussi longtemps qu'une personne normale.»

Laurier, qui avait toujours été angoissé à cause de sa santé, se sentit réconforté. Mais il était également troublé. Pourquoi cet examen à ce moment-ci? Pourquoi l'avoir fait venir à Montréal? Le médecin lui expliqua alors la raison de son télégramme. Il s'agissait de Zoé, bien entendu. Elle était bouleversée, malade depuis plusieurs semaines. Elle ne dormait presque plus et quand elle dormait, elle se réveillait en larmes. Séraphin et Phoebé ne pouvaient la consoler. De toute évidence, elle ne voulait pas se marier avec Pierre Valois.

« Et pourquoi, mon cher Wilfrid ? » Le Dr Gauthier saisit Laurier par les épaules. « Parce que, comme elle nous l'a dit très clairement, elle est désespérément amoureuse de vous. Il me reste donc une question à vous poser. Si vous l'aimez, quelles sont vos intentions ? » Il recula et attendit la réaction de Laurier.

Celui-ci se sentit soudain submergé de joie, et tous ses doutes furent dissipés. Peu importait pendant combien de temps il pourrait vivre avec Zoé, elle l'aimait, et il l'aimait aussi. Il resta muet, mais à son expression, le Dr Gauthier comprit ce qu'il ressentait. « Dans ce cas, ne perdez plus une seconde, Wilfrid. Allez la voir. Phoebé lui a déjà annoncé votre venue. Elle sera levée. »

Il conduisit Laurier dans le couloir jusqu'au salon. Quelques secondes plus tard, un peu perplexe, Zoé entra dans la pièce. Ils se regardèrent, indécis. Puis, les yeux de la jeune femme se remplirent de larmes. Laurier la prit dans ses bras et la serra contre lui. Elle appuya sa tête contre la poitrine de Wilfrid, des larmes roulant silencieusement sur ses joues.

À la fin, Laurier lui fit relever la tête et la regarda dans les yeux. « S'il n'est pas trop tard pour faire cette demande, j'aimerais que tu sois ma femme. Veux-tu ?... » Sans lui laisser le temps de finir, elle rapprocha sa tête et pressa ses lèvres contre les siennes.

Le baiser était sa réponse. Ensuite, sentant qu'elle avait l'avantage, elle ne perdit pas de temps. Le mariage devait être célébré le jour même, déclarat-elle. L'espace d'un instant, Laurier resta sans voix. Puis, un grand sourire illumina son visage et il éclata de rire. « Oui, ma chère Zoé. Ce sera aujourd'hui. Nous n'attendrons pas un jour de plus. »

Était-ce possible en si peu de temps ? Oui, avec l'aide des fidèles Gauthier. Les arrangements furent conclus à toute vitesse et, à 20 h ce soir-là, Zoé et Wilfrid étaient devant un prêtre à la cathédrale de Montréal. Après une messe et la cérémonie du mariage, les nouveaux mariés quittèrent rapidement l'église et se hâtèrent de se rendre à la gare pour attraper le train de 22 h 10.

Mais ils ne le prendraient pas ensemble. Laurier devait plaider au tribunal d'Arthabaska le lendemain. Quant à Zoé, elle n'avait pas fait ses bagages et il y avait son piano... Après un long baiser d'adieu, elle retourna donc chez les Gauthier pour le repas de noces et passer toute seule sa première nuit de nouvelle mariée. Une semaine plus tard, Laurier reviendrait la chercher à Montréal et ils commenceraient leur nouvelle vie ensemble à Arthabaska.

4

De nouveaux horizons

À Arthabaska, les attentes de Zoé furent comblées. Elle plut d'emblée aux Poisson qui donnèrent deux pièces supplémentaires au jeune couple. L'une de ces pièces devint la bibliothèque de Laurier, l'autre accueillit le piano de Zoé. Maintenant, quand elle jouait, les Poisson et d'autres nouveaux amis d'Arthabaska se rassemblaient autour d'elle comme ses amis l'avaient fait chez les Gauthier.

Comme Laurier, Zoé aimait Arthabaska et ses environs, en particulier la vue des montagnes. La deuxième année, avec l'accord des Poisson, elle se mit en devoir de semer un jardin de fleurs et un potager sur leur propriété. Comme Laurier, elle avait le don de se faire des amis. Elle rencontra plusieurs d'entre eux

Laurier pendant la première année de son mandat
de député de la circonscription
de Drummond-Arthabaska.

aux différentes organisations religieuses dont elle faisait partie. Dans toute la ville d'Arthabaska, les portes s'ouvrirent devant le jeune couple.

Et Laurier commençait enfin à réussir dans sa profession. Il s'était rapidement fait une réputation d'homme digne de confiance. Devant sa connaissance et son respect de la loi, les avocats de l'opposition restaient sur leurs gardes, et eux comme les juges écoutaient avec attention ses plaidoiries. Honnête, consciencieux et ne demandant que des honoraires raisonnables, il vit bientôt augmenter ses revenus.

Le couple n'avait pas d'enfant, et c'était leur seule source de tristesse. Mais ils étaient encore jeunes et finiraient peut-être par en avoir. Entre-temps, leur maison était toujours pleine d'amis et de parents, et d'une ribambelle d'animaux de compagnie. Tout alla bien jusqu'à la veille de leur troisième anniversaire de mariage, en mai 1871. Laurier reçut alors une lettre d'A. A. Dorion. Cette fois, Dorion lui demandait de jouer un rôle plus actif en politique. Il y aurait bientôt des élections dans la province de Québec et Dorion voulait que Laurier se porte candidat pour le Parti libéral (rouge). S'il était élu, il serait le député du comté de Drummond-Arthabaska.

Zoé fut consternée quand il lui fit part du contenu de la lettre. Craignant pour la santé de son mari, elle se déclara passionnément opposée à ce projet. Mais Dorion avait clairement indiqué que les libéraux comptaient sur lui, et Zoé savait qu'il se considérait comme tenu d'accepter : c'était son devoir. Elle allait bientôt apprendre que c'était plus que ça pour lui. La politique l'attirait. Laurier commençait tout juste à comprendre qu'il était une bête politique.

Pour Zoé, la campagne électorale qui débuta en mai fut un cauchemar qui dura six semaines. Pour Laurier, elle fut un mélange de plaisir et de souffrance. Continuellement en mouvement, allant d'un point à l'autre de son comté en voiture à cheval pour participer à des débats avec son opposant conservateur, il ne rentrait habituellement à la maison qu'à la fin de la soirée. Après avoir avalé une bouchée, et malgré les protestations de Zoé, il travaillait souvent jusqu'à l'aube au discours qu'il devait prononcer à une nouvelle assemblée.

En dépit des difficultés, il découvrit qu'il aimait faire campagne. Debout devant des auditoires de plusieurs milliers de personnes, il pouvait expliquer ce en quoi il croyait. C'était exaltant, comme un débat. Il aimait décortiquer l'argumentation de son adversaire pour en révéler les défauts, et il aimait également être le centre d'attraction.

Mais, comme Zoé le craignait, la campagne nuit à sa santé. Il se remit à tousser et, manquant d'appétit, il perdit du poids. Plus d'une fois, il eut des saignements et fut forcé de s'aliter. Mais pour peu de temps.

Il ne s'était pas encore tout à fait remis d'une de ces rechutes lorsque, un matin, Zoé le laissa dans la chambre et descendit préparer le petit-déjeuner. Quand elle revint un quart d'heure plus tard, elle le trouva vêtu de son complet, en train de se peigner devant le miroir. Le plateau faillit lui tomber des mains.

«Wilfrid, s'écria-t-elle, qu'est-ce que tu fais? Tu ne penses quand même pas sortir! Comment peux-tu envisager ça?»

Laurier lui prit gentiment le plateau des mains et le déposa sur une chaise. «Très chère Zoé, dit-il, je dois partir. Tu sais ce que cette élection représente pour moi. Cette semaine, j'ai déjà annulé deux discours. Je ne peux tout simplement pas me permettre de rater celui de cet après-midi.»

Il se pencha pour l'embrasser. Les larmes ruisselaient sur les joues de Zoé. Elle ne le connaissait que trop et savait qu'il était inutile de protester. Il avait pris sa décision et rien ne le ferait changer d'idée.

Un autre aspect de la campagne était dur pour Zoé. Le Parti conservateur n'était pas le seul à s'opposer à Laurier. Il y avait aussi sa puissante alliée, l'Église catholique. Monseigneur Laflèche, désormais évêque de Trois-Rivières, se réjouissait d'avoir de nouveau l'occasion d'écraser Laurier, ce Rouge invétéré. Le père Suzor, curé d'Arthabaska, fut l'un des principaux à lancer les attaques ordonnées par l'évêque. Quatre ans plus tôt, ce prêtre avait joué un rôle dans la destruction du *Défricheur*; à présent, il faisait chorus contre Laurier. Si ce dernier savait à quoi s'attendre, Zoé n'était pas préparée. Elle était une fervente catholique et voilà que, d'un dimanche à l'autre, elle devait entendre le curé traiter son mari d'hypocrite et de monstre. C'était presque insupportable. Seuls le grand amour qu'elle éprouvait pour Laurier et la foi qu'ils partageaient envers les valeurs libérales l'empêchèrent de flancher.

Le 10 juillet 1871, soir des élections, Laurier était chez lui, trop épuisé pour se rendre au quartier général du Parti libéral. Lui et Zoé attendaient les résultats depuis des heures. Soudain, ils entendirent des cris dans la rue et des coups furent frappés à la porte avec insistance. Un groupe important de partisans, chantant et applaudissant, fit irruption chez les Poisson pour apporter la bonne nouvelle à Laurier : il avait remporté la victoire par une forte majorité. Après le départ du groupe joyeux, Laurier se laissa tomber dans son lit, exténué, mais en paix. À vingt-neuf ans, il croyait maintenant que son avenir était dans la politique. Il sombra bientôt dans un profond sommeil, tandis que Zoé passa des heures à se retourner dans son lit. Tout en étant fière de la victoire de son mari, elle avait compris qu'elle devait mettre une croix sur son rêve d'une vie tranquille à Arthabaska.

Laurier trouva sa nouvelle carrière à l'Assemblée législative du Québec moins stimulante qu'il ne l'avait espéré. Bien qu'il eût vite acquis une réputation d'excellent orateur et d'argumenteur doué, il commença bientôt à s'ennuyer. Il assuma pendant plus de deux ans ses fonctions de député tout en espérant trouver de nouveaux défis à relever.

C'est alors que les événements à Ottawa transformèrent radicalement son avenir. Au début du mois de novembre 1873, le premier ministre du Canada, John A. Macdonald, accusé d'avoir accepté des pots-de-vin, fut forcé de démissionner. Le Parti conservateur remit donc le pouvoir aux libéraux dirigés par Alexander Mackenzie. Quelques semaines après avoir été intronisé par le Gouverneur général, Mackenzie déclencha des élections générales.

Entre-temps, Laurier, victime d'une grave hémorragie, avait dû s'aliter. Il lisait un article sur ces élections dans le journal quand il entendit un brouhaha derrière la porte de sa chambre. Zoé ouvrit et entra en trombe. Ses sourcils froncés et son attitude glacée indiquaient clairement qu'elle n'était pas contente. Quelques libéraux importants d'Arthabaska la suivaient, l'air mal à l'aise. Zoé savait parfaitement pourquoi ils étaient là. Ils voulaient que Laurier se présente comme candidat fédéral. Malgré l'air renfrogné de sa femme, Laurier leur fit signe d'approcher et les écouta avec ferveur lui dire que le Parti libéral avait besoin d'un homme de sa trempe au Parlement à Ottawa. Là, insistèrent-ils, il pourrait accomplir beaucoup plus que sur la scène provinciale.

Après leur départ, Zoé trouva son mari assis bien droit dans son lit. Son visage, pâle depuis plusieurs jours, avait retrouvé ses couleurs. Il souriait d'un air penaud.

«Oh! Wilfrid, comment peux-tu?...» commença-t-elle. Elle se tut pourtant quand elle vit dans son regard une toute petite étincelle de supplication. Il lui tendit les bras et, bien que déçue, elle se pencha et se laissa enlacer. Elle n'aimait pas la politique, mais elle adorait son mari, et si c'était ce qu'il souhaitait, elle ne lui ferait pas obstacle. D'une façon ou d'une autre, elle allait devoir trouver le courage de s'adapter à leur nouvelle vie.

La campagne électorale fut ardue. On était au milieu de l'hiver et il faisait un froid sibérien. En traîneau tiré par un cheval, Laurier parcourut les routes enneigées de sa circonscription et visita tous les recoins des comtés de Drummond et d'Arthabaska. Tous les jours, Zoé l'emmitouflait dans des vêtements chauds avant son départ. Puis, anxieuse, elle attendait son retour. Reviendrait-il à bout de souffle, couvert d'une sueur froide — les signes avant-coureurs d'une rechute? Miraculeusement, même s'il ne se ménagea pas davantage que pendant sa première campagne, sa santé tint bon.

Cela en avait valu la peine car, le 22 janvier 1874, jour des élections, Laurier remporta un siège au Parlement tout comme une majorité de candidats libéraux à travers le pays. Le Parti libéral venait de gagner sa première élection fédérale. Il formerait désormais le gouvernement du dominion du Canada.

Au début, Laurier envisagea avec une certaine nervosité l'idée de passer de la scène provinciale à la fédérale. Un peu timide et incertain quant à son nouvel environnement, il déclina l'invitation d'assister à une réception chez le Gouverneur général. Il craignait aussi que son anglais ne présente des lacunes. La seule façon de le savoir était de le tester. Il prononça son premier discours en français mais, deux semaines plus tard, il se leva de son siège pour reprendre la parole.

«Monsieur le Speaker, commença-t-il, je voudrais m'excuser auprès de la Chambre d'utiliser une langue que je connais imparfaitement… Je sais trop bien que je vais assassiner l'anglais de la reine au cours des quelques remarques que je souhaite formuler.» Quand les rires se furent tus, il parla en anglais pendant une heure. Son discours portait sur Louis Riel, un Métis en fuite. Riel était recherché pour meurtre en Ontario, même s'il avait été dûment élu au Parlement. À l'instar de nombreux francophones, Laurier croyait que la culpabilité de Riel n'avait pas été prouvée. Jusque-là, il appuyait le droit de Riel de conserver son siège. Quand il se rassit, il fut applaudi pendant plusieurs minutes par les députés des deux côtés de la Chambre. Son anglais, comme son français, était excellent. Il venait de faire sa marque.

Mais il n'en avait pas terminé avec le cas Riel. Onze ans plus tard, le retour soudain de Riel aurait des conséquences considérables sur la carrière de Laurier.

Dans l'intervalle, il se sentit bientôt à l'aise dans sa nouvelle vie à Ottawa, tout en sachant qu'il devrait se faire réélire dans quatre ou cinq ans. Une seule chose menaçait cette possibilité, et elle était de taille : l'inlassable campagne menée par l'Église catholique contre le Parti libéral. À moins de trouver un moyen de mettre un terme aux hostilités, l'avenir de Laurier et de son parti dans la province de Québec était plus qu'incertain. Ce souci le mina pendant les deux années qui suivirent. Il décida alors de poser un geste décisif.

Nous étions en juin 1877, au début de sa troisième année à la Chambre des communes. Le Club Canadien l'invita à prendre la parole dans la ville de Québec, et Laurier vit là une occasion d'affronter l'Église.

La salle de musique, où Laurier devait parler, comptait mille deux cents places. À son arrivée, la salle était comble. Plus de deux mille personnes s'entassaient dans l'auditorium et d'autres étaient rassemblées dans la rue. Des journalistes venus d'aussi loin que Montréal, des professeurs d'université, d'éminents libéraux et même quelques prêtres catholiques faisaient partie de l'auditoire. Ils s'attendaient tous à entendre un discours hors du commun.

Laurier se leva et se dirigea vers le centre de la scène dans un silence total. Le dos droit, les mains de chaque côté de lui, il scruta l'assistance pendant plusieurs secondes. Les personnes assises aux premiers rangs remarquèrent sa pâleur : encadré par ses longs cheveux bruns, son visage semblait aussi blanc que la chemise qu'il portait sous son veston bleu marine. Puis, il commença.

D'une voix claire parfaitement audible, il expliqua qu'il connaissait les préjugés nourris par de nombreuses personnes contre les libéraux. À leurs yeux, ceux-ci étaient des révolutionnaires résolus à renverser la société, à détruire l'Église catholique et toutes ses valeurs.

Ce n'était pas ce que visaient les libéraux canadiens, les assura-t-il. Leurs convictions leur avaient été transmises par les libéraux britanniques qui, sans révolution violente, avaient conquis les libertés dont les gens pouvaient désormais profiter tant en Angleterre qu'au Canada. Comme leurs contreparties anglaises, les libéraux canadiens croyaient que l'individu avait le droit de jouir de la liberté de conscience et de l'exprimer en votant pour le parti de son choix. Il existait deux types de partis, souligna-t-il : le conservateur et le libéral. Les conservateurs n'aimaient pas le changement et quand ils acceptaient de changer, ils le faisaient lentement, en proie à de nombreux doutes. Au contraire, les libéraux voyaient le changement comme faisant partie de l'ordre naturel des choses dans le monde.

Haussant légèrement le ton, Laurier poursuivit. « Je suis un libéral. Je fais partie de ceux qui croient que partout, chez les êtres humains, il y a des abus à corriger, de nouveaux horizons à ouvrir, de nouvelles forces à développer. »

Il s'interrompit un instant pour laisser l'auditoire s'imprégner de ses paroles. «Nos âmes sont immortelles, reprit-il, mais nos moyens sont limités. Nous visons constamment un idéal que nous n'atteignons jamais. Nous rêvons du bien, mais jamais nous ne réalisons le mieux. Ce n'est que lorsque nous atteignons notre but que de nouveaux horizons s'ouvrent devant nous... nous entraînant de plus en plus loin.»

En conséquence, fit-il valoir, la société pouvait toujours être améliorée. Selon les libéraux, ce n'était qu'en allant de l'avant pour tenter d'accomplir ces améliorations qu'on permettrait à davantage de gens d'avoir une vie meilleure. «Je crois fermement, conclut-il, que ceci montre la supériorité du libéralisme.»

Il aborda ensuite le rôle de l'Église dans la politique. Les libéraux ne voulaient pas empêcher les prêtres catholiques de s'impliquer en politique, dit-il. Ils étaient convaincus que tous les individus avaient le droit d'exprimer ouvertement leurs convictions. Mais il y avait une limite aux droits, et cette limite était atteinte quand une personne restreignait le droit d'une autre personne.

«Il est... parfaitement légitime de changer l'opinion des électeurs par l'argumentation et par tout autre moyen de persuasion, mais jamais par l'intimidation. Quand, par la terreur, vous les forcez à voter, l'opinion qu'ils expriment est la vôtre.»

Le Canada était un pays libre, insista-t-il. Les prêtres catholiques avaient les mêmes droits que tous les citoyens, mais ils n'avaient pas celui de menacer leurs fidèles s'ils votaient différemment d'eux.

Quand Laurier eut terminé son discours, il y eut un bref silence, puis les applaudissements éclatèrent et se poursuivirent plusieurs minutes. Ceux qui s'étaient attendus à entendre quelque chose de spécial étaient comblés.

Le cardinal George Conroy lut attentivement la copie du discours. Envoyé d'Irlande au Canada par le pape, Conroy était venu enquêter sur le conflit entre l'Église et le Parti libéral. À partir de son arrivée au mois de mai, quelques semaines avant la conférence de Laurier, jusqu'à son départ en octobre, Conroy interrogea plusieurs politiciens et officiels de l'Église et lut de nombreux rapports des deux parties. Avant son départ, il émit un mandement, ou ordre, destiné à tous les ecclésiastiques catholiques du Canada. En outre, il précisa que les catholiques étaient libres de voter selon leur choix. Un prêtre qui désapprouvait le choix politique d'un de ses paroissiens ne devait pas le menacer. Sauf en ce qui concernait l'exercice de leur droit de vote, les prêtres devaient rester en dehors de la politique.

La place de l'Église en politique définie par le cardinal Conroy était exactement celle que Laurier avait réclamée dans son discours. Pour monseigneur Laflèche et le clergé ultramontain, c'était une défaite, pour Laurier, une victoire éclatante. Pourtant, comme les événements des quelques semaines suivantes allaient le montrer, ce n'était pas la fin de la guerre.

La presse loua Laurier. Dans les journaux de l'ensemble du pays, les Canadiens purent lire des rapports de son discours et son nom devint bientôt connu partout. Au sein du Parti libéral, sa réputation monta en flèche. Pour remercier Laurier de l'inestimable service rendu au Parti, le premier ministre Mackenzie lui offrit un poste dans son cabinet. Laurier accepta avec empressement et fut nommé ministre du Revenu intérieur le 8 octobre 1877.

Pour assumer ses fonctions de ministre, Laurier dut démissionner de son siège et se présenter à une élection partielle dans sa circonscription. Le jour de l'élection fut fixé au 27 octobre. Laurier espérait remporter la victoire. Après tout, il avait gagné ce comté par plus de deux cents voix trois ans auparavant.

Il était peut-être trop sûr de lui. Il n'avait peut-être pas compris à quel point les conservateurs voulaient le voir mordre la poussière. Il avait également sous-estimé les ultramontains résolus à contourner la directive du cardinal Conroy. Plutôt que de l'attaquer en chaire, de nombreux prêtres firent campagne contre Laurier dans des conversations privées.

Ses ennemis utilisèrent certains moyens indignes pour l'abattre. On fit notamment circuler des rumeurs auxquelles les crédules ajoutèrent foi. À titre de membre du cabinet, Laurier avait le titre de « ministre »; on insinua donc qu'il était devenu un ministre du culte protestant. On laissa également entendre que Laurier refusait de faire baptiser ses enfants. Le fait que lui et Zoé n'en avaient pas ne semblait pas avoir d'importance.

Mais ce furent les pots-de-vin qui firent le plus de tort à Laurier. Des officiels conservateurs en possession de grosses sommes se faufilèrent dans la circonscription. Des gallons d'alcool furent distribués gratuitement et des milliers de dollars furent glissés dans les poches des électeurs.

Cette défaite se révéla le coup le plus dur que Laurier eût jamais reçu. Il ne s'y attendait pas et fut absolument anéanti. Il ne laissa cependant pas le public et ses collègues libéraux voir sa déception. Mais à la maison, seul avec Zoé, il s'effondra. La période de deuil fut brève. Même si la victoire était essentielle à Laurier, il n'était pas un mauvais perdant. Il était étonnamment doué pour se remettre en selle après un échec.

Trois jours plus tard, le premier ministre lui fit une nouvelle offre. Le député libéral de Québec Est, dans la ville de Québec, voulait bien démissionner pour donner à Laurier la possibilité de regagner ce siège. Laurier accepta et Mackenzie fixa au 28 novembre la date de cette élection partielle.

Ce fut une autre campagne dans laquelle tous les coups étaient permis. Mais cette fois, le Parti libéral appuya Laurier de tout son poids. Les bénévoles affluèrent de partout pour faire du porte-à-porte, pressant les électeurs de voter pour leur candidat, et pour tenter de déjouer les coups bas des conservateurs.

Le temps était froid et maussade le jour de l'élection. Il plut sans arrêt jusqu'à la fermeture des bureaux de votation le soir, et les bénévoles libéraux de Laurier travaillèrent d'arrache-pied pour convaincre les électeurs récalcitrants de quitter le confort de leurs foyers et d'aller voter. En apprenant que Laurier avait remporté une victoire convaincante, ses partisans formèrent un cortège de près de deux kilomètres et défilèrent à la lueur des flambeaux jusqu'à la place

Jacques-Cartier. Entouré par des milliers de supporteurs frénétiques, Laurier prononça un discours pour
les remercier de leur aide. « J'ai hissé l'étendard libéral
au-dessus de l'ancienne citadelle de Québec, conclut-il
avec éloquence, et je m'engage à ce qu'il continue d'y
flotter au vent. »

Il tiendrait sa promesse.

Tout au long de la session parlementaire suivante,
qui débuta en février 1878, Laurier assuma ses fonctions au cabinet. Il prit goût aux responsabilités
élevées, mais il ne put en profiter longtemps. Plusieurs
mois plus tard, assuré de voir les électeurs reconduire
les libéraux au pouvoir, Mackenzie déclencha des
élections fédérales. Laurier se sentait, avec raison,
moins optimiste. Le 17 septembre 1878, jour des
élections, la majorité des Canadiens se prononça de
nouveau pour John A. Macdonald et le Parti conservateur. Après avoir détenu le pouvoir pendant quatre
ans, Alexander Mackenzie et ses libéraux venaient de
subir une défaite cuisante.

Laurier a signé cette photo prise
au début des années 1880.

Wilfrid et Zoé Laurier ont fait construire cette maison à
Arthabaska, en 1878. Ils y ont vécu pendant presque vingt ans.

5

Aller de l'avant

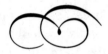

Le triomphe des conservateurs fut pour Laurier un
échec temporaire. Bien qu'ayant perdu son poste
de ministre, il avait conservé le comté de Québec Est.
C'était une bonne chose parce que la politique jouait
un rôle important dans sa carrière juridique. Comme il
était devenu une personnalité publique éminente au
cours des quatre années précédentes, les clients se
présentaient désormais en grand nombre à son cabinet.
Le bureau qu'il partageait avec son associé Joseph
Lavergne était prospère.

À présent qu'il gagnait mieux sa vie, lui et Zoé
furent en mesure de faire construire leur première
maison. Après avoir passé plus de dix ans chez les
Poisson, ils emménagèrent bientôt dans leur belle

maison en brique, de deux étages, située sur un terrain
boisé, rue de l'Église, à Arthabaska. La maison était
spacieuse, conçue pour recevoir des gens : le rez-
de-chaussée comprenait un grand salon avec le piano
de Zoé, un boudoir et une salle à manger. Ils recevaient
à présent beaucoup d'invités, des gens que Laurier
rencontrait dans le cadre de ses activités politiques et
professionnelles. S'efforçant d'être une bonne hôtesse,
Zoé organisait des dîners et des réceptions plusieurs
soirs par semaine. La pièce préférée de Laurier était
toutefois la bibliothèque, à l'étage, où il se réfugiait avec
ses livres bien-aimés chaque fois qu'il le pouvait.

En 1878, le couple passa le jour de Noël dans la
nouvelle résidence. Deux mois plus tard, Laurier partit
pour Ottawa. Depuis 1874, il louait une chambre à
l'hôtel Russell lorsque le Parlement était en session, et
il continuerait à le faire pendant de nombreuses
années. Quand il était à Ottawa ou ailleurs où il devait
prendre la parole, Laurier écrivait à Zoé presque
chaque jour. Quant à elle, elle était de plus en plus
impliquée dans les diverses activités paroissiales et elle
s'occupait de la maison, y compris de leurs précieux
animaux de compagnie — chiens, chats, oiseaux et
poissons. Au moins une fois par session parlementaire,
elle prenait le train et allait passer quelques jours avec
son mari à Ottawa.

Laurier était à présent au début de la quarantaine
et, malgré ses poumons toujours fragiles, il était en
bonne santé. Il ne fumait pas et se contentait de boire
du vin au repas du soir. Assez coquet pour vouloir
conserver son tour de taille, il faisait attention à son
alimentation. Il portait aussi une grande attention à sa

tenue vestimentaire. Peu de membres du Parlement étaient aussi bien vêtus que Laurier. Dans sa jeunesse, sa belle-mère Adeline l'avait encouragé à se préoccuper de son apparence. Il gagnait désormais suffisamment pour se permettre de consulter un bon tailleur. Grand, élégant et de manières raffinées, Laurier était un bel homme. Ses doutes et ses incertitudes, il les camouflait derrière sa façade distinguée.

Malgré son apparence et son maintien aristocratique, il était également à l'aise avec chacun. Partout où il allait, il attirait les gens par sa personnalité et sa capacité de concentrer son attention sur son interlocuteur. Il était aussi exceptionnellement doué pour respecter le point de vue des autres, même quand il y était opposé. Et quand il n'était pas d'accord avec quelqu'un, il réagissait rarement avec colère et ne semblait pas garder rancune. Ces traits lui permirent de s'entendre avec la plupart des gens, y compris ses adversaires conservateurs et les journalistes. Il s'adressait à la majorité d'entre eux en les appelant par leur nom et les invitait souvent à son bureau ou chez lui, où ils pouvaient bavarder en toute simplicité. Tout en n'approuvant pas toutes ses décisions politiques, les membres des médias traitaient Laurier avec un grand respect. Même ceux qui le soupçonnaient d'être un arriviste sur la scène politique ne pouvaient résister à son charme.

Émilie, l'épouse de son associé Joseph Lavergne, le trouvait manifestement attirant. Elle avait vécu à Paris et, plus tard, à Londres. Elle portait des toilettes parisiennes à la mode et, selon les critères d'Arthabaska, c'était une femme très raffinée. Sans être exceptionnellement jolie, elle avait beaucoup de grâce. Spirituelle, brillante, elle avait des intérêts variés et elle était très séduisante. Et Laurier était indubitablement séduit.

Il découvrit qu'il partageait avec elle bien plus que le désir d'être élégant. Comme lui, elle était instruite et elle aimait discuter de livres, d'idées, de politique et des gens. Au début des années 1880, quand il se trouvait à Arthabaska, il lui arrivait souvent de dire à son associé : « Avec ta permission, Joseph, je vais rendre visite à ta femme. » Il sortait alors de son bureau, traversait la rue jusqu'à la résidence des Lavergne et passait une heure ou deux à causer avec Émilie. Pendant plusieurs années, quand le Parlement était en session, il lui écrivit à l'occasion des lettres en anglais, auxquelles elle répondait en français.

Bien entendu, les langues ne tardèrent pas à se délier et les rumeurs atteignirent bientôt les oreilles de Zoé et de Joseph. Zoé ne fut certainement pas folle de joie à l'idée que son mari fût attiré par une autre femme. Mais elle et Joseph voulurent croire que cette relation était platonique. D'autres, qui remarquèrent une ressemblance entre le fils d'Émilie, Armand, et Laurier, insinuèrent que cette attirance dépassait l'amitié. Quelle que soit la vérité, à mesure que la carrière de Laurier se développait, il espaça ses rencontres avec Émilie et leur relation prit fin.

Pendant ce temps-là, les choses étaient en train de changer au nouveau Parlement. En avril 1880, au cours de la deuxième session, Alexander Mackenzie démissionna de son poste et le Parti libéral se choisit un nouveau chef, Edward Blake. Laurier aimait Blake dont il admirait l'intelligence et l'intégrité. Pour sa part, le nouveau chef appréciait Laurier et reconnaissait ses talents. Quand, à titre de chef de l'opposition, il prit sa place dans la première rangée, il invita Laurier à s'asseoir à côté de lui.

Pendant un certain temps, Laurier parut satisfait de jouer un rôle de soutien auprès du nouveau chef. Au cours des cinq années suivantes, il prit peu la parole à la Chambre. Il agissait presque comme l'assistant de Blake et passait de nombreuses heures à la bibliothèque du Parlement à effectuer des recherches pour lui. Lorsque Blake parlait, Laurier restait assis et lui passait des livres et des feuillets d'information. Ce fut la période la plus calme de toute sa carrière parlementaire. Il semblait flotter.

Mais tout cela prit fin le 27 mars 1885. Ce jour-là, un télégramme arriva à Ottawa. Des Métis armés avaient abattu douze agents de la Gendarmerie royale du Nord-Ouest accompagnés de volontaires à un lieu appelé Lac-aux-Canards, au nord de Saskatoon. D'autres informations arrivèrent au cours des heures suivantes, montrant qu'une rébellion avait éclaté dans les Territoires du Nord-Ouest, la région qui s'étend entre le lac Supérieur et les montagnes Rocheuses. Un autre fait émergea au même moment. Le chef du soulèvement était Louis Riel. Encore !

Louis David Riel avait été le chef de la rébellion de Rivière-Rouge en 1869. Les soldats envoyés par le premier ministre Macdonald n'avaient eu aucune peine à renverser le gouvernement qu'il avait établi, mais Riel s'était échappé. La rébellion avait conduit à deux développements importants. Pour commencer, la Loi sur le Manitoba avait été adoptée par le gouvernement de Macdonald en 1870, créant la cinquième province du Canada. Cette loi reconnaissait le français et l'anglais comme langues officielles et autorisait le Manitoba à avoir des écoles protestantes et catholiques subventionnées par des impôts publics.

La deuxième conséquence fut une explosion de rage à la suite du décès de Thomas Scott, un colon que Riel avait fait arrêter pour s'être opposé à son gouvernement. À la suite d'un procès, Scott avait été fusillé par un peloton d'exécution. Ce geste fut à l'origine d'une profonde division au sein de la jeune nation canadienne. Peu de gens savaient que Scott était un rustre, un ivrogne qui ne cessait d'insulter les Métis et que cela l'avait conduit à sa mort. Mais tout le monde savait qu'il était un protestant anglophone de l'Ontario, membre de la loge orangiste, une organisation agressivement anticatholique. La majorité des Ontariens applaudirent la décision du gouvernement provincial d'offrir une récompense de cinq mille dollars pour la capture de Riel. Parce qu'il avait ordonné l'exécution de Scott, il était considéré comme un criminel en fuite.

Au Québec, Riel était toutefois vu comme un défenseur des droits des catholiques francophones. La plupart des Québécois croyaient qu'il avait rempli sa mission à titre d'officiel d'un gouvernement en ordonnant la mort de Scott. Ils exigeaient que Macdonald lui accorde une amnistie.

Après la rébellion, Riel avait disparu. Pendant la plus grande partie des années qui suivirent, il resta caché et passa quelque temps dans des asiles d'aliénés.

Il finit par se rendre au Montana où il enseigna à l'école d'une mission catholique.

Avant que Riel ne quitte le pays, Laurier l'avait rencontré chez un prêtre, près d'Arthabaska. Il l'avait trouvé intelligent, bien informé des questions politiques. Mais quand le sujet de la religion fut abordé, Riel parut perdre tout sens de la réalité. Laurier était convaincu qu'il était mentalement déséquilibré.

Pendant l'exil de Riel, plusieurs colons originaires de l'est s'étaient installés dans le district de la Saskatchewan, qui faisait partie des Territoires du Nord-Ouest. En quelques années seulement, ils avaient chassé ou tué la majorité des animaux sauvages dont les Métis et les Premières Nations dépendaient pour leur survie. L'animal le plus important, le bison, avait été pratiquement exterminé. Le gouvernement conservateur suggéra alors aux Métis de renoncer à leur mode de vie traditionnel et d'apprendre à cultiver la terre. La peur de périr de faim incita certains d'entre eux à tenter l'expérience. Mais quand ils commencèrent à s'installer sur les berges de la rivière Saskatchewan, le gouvernement refusa de leur conférer les titres de propriété.

Désespérés, les Métis firent appel à Louis Riel qui revint au Nord-Ouest en juillet 1884. Il passa plusieurs mois à étudier la situation et à parler avec les chefs métis et amérindiens. Il envoya ensuite une pétition au gouvernement de Macdonald. Elle resta sans réponse. Riel était convaincu que son peuple était persécuté. Sa colère monta. En même temps, il commença à avoir des visions religieuses. Il parla de former une nouvelle

Église métisse et de désigner un pape. Il se voyait lui-même comme un prophète de la nouvelle Église.

Le 17 mars 1885, Riel devint le président d'un gouvernement formé par les Métis. Quelques jours plus tard, l'affrontement entre les hommes de Riel et un groupe d'agents de la Gendarmerie royale du Nord-Ouest marqua le début de la rébellion.

Au début, les Métis et les gens des Premières Nations remportèrent quelques victoires, mais près de cinq mille soldats arrivés par train mirent rapidement fin au soulèvement. Riel se rendit le 15 mai. Accusé de haute trahison, il fut emprisonné à Regina.

Son procès commença le 20 juillet et dura onze jours. Les six hommes du jury, tous protestants anglophones, déclarèrent Riel coupable après une heure seulement de délibérations. Le juge le condamna à mort par pendaison.

En dehors du Québec, la plupart des Canadiens se réjouirent de cette décision. Les avocats de la défense échouèrent à sauver Riel en alléguant la maladie mentale. Après cela, seul le premier ministre Macdonald pouvait faire preuve de clémence en commuant la sentence. Il refusa.

Riel fut pendu le 16 novembre. Au Québec, le choc fut suivi d'une explosion de rage. Pour les Québécois, Riel avait sacrifié sa vie pour aider son peuple qui, comme eux, était catholique et francophone.

Six jours plus tard, près de cinquante mille personnes se rassemblèrent au Champ de Mars, à Montréal, pour entendre une succession de discours condamnant le gouvernement de Macdonald pour la mort de Riel. Laurier était au nombre des orateurs.

Honoré Mercier, un éminent libéral québécois, donna le ton de ce rassemblement rempli d'émotion. Ses premiers mots furent : « Riel, notre frère, est mort. »

Quand Laurier prit à son tour la parole, il axa lui aussi son discours sur le thème de la fraternité. « Si j'étais né sur les rives de la Saskatchewan, j'aurais moi-même pris un mousquet pour lutter contre la négligence du gouvernement et la honteuse cupidité des spéculateurs. »

Mais la colère de Laurier était faible comparée à la fureur d'autres Québécois qui blâmaient le gouvernement conservateur et les Canadiens protestants anglophones pour la mort de Riel. Conduits par Mercier, ils entreprirent d'organiser un parti qui représenterait le peuple du Québec francophone et catholique. Ce parti s'appelait le Parti national.

∽

Quand le Parlement siégea trois mois plus tard, Laurier avait eu le temps de réfléchir aux récents événements. Plus que tout, il reconnaissait la gravité du soulèvement métis et de la mort de Riel. Non seulement retrouvait-on l'ancien clivage entre anglophones et francophones au Canada, mais ceci menaçait de déchirer le pays de façon permanente. À présent plus que jamais, Laurier devait remplir l'engagement pris longtemps auparavant envers la cause de l'harmonie entre les deux groupes linguistiques.

Il était sûr d'une chose : les décisions devaient être fondées sur la raison plutôt que sur la passion. Les deux parties devaient céder un peu de terrain, parce que le compromis était le seul moyen de progresser. Ces pensées dominaient son esprit quand, le 16 mars 1886, il se joignit au débat sur l'exécution de Riel à la Chambre des communes.

Quand il se leva pour parler, il était près de 23 h. Il jeta un coup d'œil à la galerie des visiteurs, où Zoé lui fit un signe de tête en souriant. Elle apportait souvent son tricot à la Chambre et tenait compagnie à Laurier en poursuivant son ouvrage. Il commença son discours en expliquant pourquoi la formation d'un parti formé exclusivement de catholiques francophones équivaudrait à un suicide politique. Puis, regardant directement les conservateurs assis dans les sièges du gouvernement en face de lui, il aborda les causes de la rébellion.

«Je fais maintenant appel à tous les amis de la liberté dans cette Chambre. Je ne m'adresse pas seulement aux libéraux qui siègent à mes côtés, mais à tous ceux qui ont un cœur britannique dans la poitrine. Je leur demande: quand des sujets de Sa Majesté ont passé des années à revendiquer leurs droits et qu'en plus de les ignorer, on leur a dénié ces droits, quand, prêts à sacrifier leur vie ces gens se révoltent, se trouvera-t-il un seul homme dans cette Chambre pour prétendre que si leurs droits avaient été reconnus, ces hommes n'auraient pas aussi sauvé leur tête, et que les criminels, s'il y a des criminels dans cette rébellion, ne sont pas ceux qui ont combattu, versé leur sang et sacrifié leur vie, mais plutôt les hommes assis sur les bancs de ce gouvernement?

«Ce n'est pas la rébellion qui est détestable, mais le despotisme qui la provoque; ce ne sont pas les rebelles qui sont odieux, mais les hommes qui, détenant le pouvoir, n'en assument pas les responsabilités, les hommes qui, lorsqu'on leur demande un pain, donnent une pierre.

«On ne me donnera pas de leçons de loyauté. Je suis un sujet britannique et je porte ce titre avec autant de fierté que quiconque dans cette Chambre. Mais si on s'attend à ce que je laisse mes concitoyens sans amis, sans défenses, sans protection et sous-représentés à la Chambre des communes se faire piétiner par ce gouvernement, je réponds que ce n'est pas ainsi que je comprends la loyauté. J'appellerais plutôt cela de l'esclavage.»

Après avoir accusé le gouvernement conservateur d'ignorer les justes revendications et les souffrances des Métis et des Premières Nations, Laurier aborda le sujet de Louis Riel. Le procès avait été inéquitable, déclara-t-il. «Cet homme était mentalement déséquilibré, et ceci me semble indéniable… Au pire, il aurait dû être interné dans un asile psychiatrique; au mieux, c'était un monomane religieux et politique.»

Alors pourquoi le gouvernement conservateur avait-il autorisé l'exécution de Riel? demanda-t-il. Pour Laurier, la réponse sautait aux yeux. On l'avait jugé pour trahison, mais exécuté pour venger la mort de Thomas Scott.

Il s'interrompit et se tourna vers le Speaker de la Chambre. «Monsieur, nous sommes un pays neuf et nous essayons d'unifier les différents éléments conflictuels en place pour former une nation. Y parviendrons-nous un jour si c'est la vengeance qui sert de lien?

« Mais aujourd'hui, conclut-il, sans parler de ceux qui ont perdu la vie, nos prisons sont pleines d'hommes qui, désespérant de recevoir un jour justice par la paix, ont cherché à l'obtenir par la guerre, qui, désespérant d'être un jour traités en hommes libres, ont risqué leurs vies plutôt que de se voir traités en esclaves... Leur sacrifice n'aura pas été vain... leur martyre a subjugué leur pays... et en regard de ce fait, la cause est suffisante, indépendamment de toutes les autres, pour accorder notre pitié à celui qui est mort et à ceux qui vivent. »

Puis, après un dernier regard aux personnes assises sur les bancs du gouvernement, il se tourna et reprit sa place. Les membres du Parlement étaient presque tous présents. Le silence qui avait duré pendant les deux heures de son discours se prolongea encore quelques instants. Puis les applaudissements éclatèrent. Ils venaient tant du côté de l'opposition que de celui du gouvernement. Ils se poursuivirent un long moment.

Pour Blake, le chef libéral, Laurier avait fait le « meilleur discours parlementaire jamais prononcé au Parlement du Canada depuis la Confédération ».

Pour Laurier, ce discours marqua un point tournant. La longue période un peu vide venait de prendre fin. Il avait été inspiré, et il avait rempli son serment. La cause de Riel l'avait ramené à la vie et tourné vers son objectif: lutter pour l'unité de la nation canadienne.

C'était là un défi de taille, et il le savait. Il allait devoir surmonter les préjugés profondément enracinés des deux peuples dominants du Canada. Il décida alors de porter son message directement au cœur de l'Ontario anglophone protestant où les gens avaient applaudi à l'annonce de la pendaison de Riel. Plus tard cette année-là, il se rendit à Toronto où il s'adressa aux membres du Young Men's Liberal Club. Dans son discours, il aborda une nouvelle fois le thème du Canada.

« Nous sommes des Canadiens. Sous l'île de Montréal, l'eau qui vient du nord, la rivière des Outaouais, s'unit aux eaux des lacs de l'ouest : elles s'unissent, mais ne se mêlent pas. Elles coulent parallèlement, séparées, impossibles à distinguer les unes des autres, et pourtant elles ne forment qu'un seul cours qui coule entre les mêmes rives, le puissant fleuve Saint-Laurent, lequel poursuit sa route vers la mer en portant le commerce d'une nation sur son dos — une image parfaite de notre pays.

« Si nous ne nous assimilons pas, si nous ne nous confondons pas, nous sommes pourtant les composants d'un même pays. Nous pouvons être d'origine française — ce que je ne renierai jamais, ce dont je suis fier —, d'origine anglaise ou écossaise ou autre, mais nous sommes des Canadiens, et nous avons le même but. »

Il avait franchi la première étape mais, quelques semaines plus tard, il dut affronter une nouvelle campagne électorale fédérale. Il remporta facilement son siège, mais les conservateurs dirigés par Macdonald parvinrent à conserver le pouvoir avec une majorité réduite.

Pour le Parti libéral comme pour Laurier, le principal résultat de cette élection fut l'effet qu'elle produisit sur Blake. Fatigué, fréquemment malade et se reprochant la défaite du parti, le chef libéral commença à laisser sous-entendre son intention de démissionner. Au début de juin, il prit sa décision. Il partait. Et l'homme qu'il voulait voir à sa place était Laurier.

Laurier était survolté par le défi que cela représentait. Il n'était pourtant pas convaincu de pouvoir faire ce travail et se demandait si le Parti libéral et les électeurs canadiens accepteraient d'être gouvernés par un Canadien catholique. Blake balaya ses doutes. Il voulait Laurier et personne d'autre. Après plus de deux semaines de réflexion, encouragé par Zoé, Laurier finit par accepter. Il ne posa qu'une condition : si Blake voulait revenir, le poste lui appartiendrait. Dans l'intervalle, Laurier agirait comme chef temporaire. Il l'expliqua à Blake dans une lettre : «Je sais que je n'ai pas d'aptitudes pour ce rôle et j'éprouve la triste appréhension de courir au désastre.»

Une semaine plus tard, le 23 juin 1887, les journaux de l'ensemble du pays annoncèrent la nouvelle : Wilfrid Laurier était le nouveau chef du Parti libéral et, par conséquent, celui de l'opposition loyale de Sa Majesté à la Chambre des communes.

6

Une nation

Le 1er juillet 1887, une semaine après avoir accepté d'assumer la direction du Parti libéral, Laurier assista aux célébrations marquant le vingtième anniversaire du Canada. Tout en faisant bonne figure en public, il était profondément troublé. Qu'y avait-il à célébrer ? se demandait-il. La grogne se faisait entendre dans tout le jeune pays. Tout en planifiant la voie qu'il suivrait en tant que chef de l'opposition, Laurier réfléchissait aux problèmes qu'il aurait à traiter.

Le plus pressant était l'hostilité croissante entre francophones et anglophones. La mort de Riel avait conduit à la formation du Parti national. Furieuse d'avoir vu le gouvernement fédéral, dominé par des

Wilfrid Laurier en 1891, l'année où il a participé à ses premières élections comme chef libéral. Défait, il a cependant persévéré et remporté les quatre élections suivantes ; il a été premier ministre pendant quinze années consécutives, un exploit inégalé dans l'histoire du Canada.

protestants anglophones, exécuter un homme qui avait combattu pour les droits des catholiques francophones, une majorité d'électeurs québécois s'était tournée vers le nouveau parti. Ce gouvernement n'allait-il pas repousser les francophones du Québec comme il l'avait fait avec ceux des Territoires du Nord-Ouest? De nombreux Québécois se posaient cette question. Il en découlait une méfiance de plus en plus grande envers les Canadiens de langue anglaise. Les Québécois se repliaient sur eux-mêmes au lieu de tendre la main aux autres Canadiens.

Quant aux anglophones, la plupart d'entre eux étaient de religion protestante et ils étaient soit nés en Angleterre, soit descendants de gens des îles britanniques. Leur plus profonde loyauté n'allait pas au Canada, mais à la Grande-Bretagne, mère patrie. Comme l'un d'eux l'avait clairement exprimé: « Nous sommes canadiens, et pour être canadien, il faut être britannique. » Pour un grand nombre, cela signifiait qu'il fallait appuyer l'empire mondial du Royaume-Uni. Cet empire étant en pleine expansion, la Grande-Bretagne était souvent en guerre. Si le gouvernement britannique devait demander l'aide du Canada dans une guerre, de nombreux anglophones canadiens étaient d'avis qu'il incombait au Canada de lui prêter main-forte. Ces personnes étaient qualifiées d'impérialistes.

Pour les plus militants, tout Canadien n'approuvant pas ce point de vue était déloyal, voire un traître. D'Alton McCarthy, député conservateur ontarien et membre dirigeant de la loge orangiste, était l'un des plus éminents impérialistes. Lui et de nombreux autres croyaient que le Québec francophone catholique était le principal obstacle à la loyauté du Canada envers la Grande-Bretagne. À ses yeux, seuls les protestants de langue anglaise pouvaient être de loyaux Canadiens.

Laurier devait se demander comment la situation en 1887 au Canada était liée aux idées qui avaient pris forme dans son esprit depuis son entrée en politique. Sa définition du nationalisme canadien se fondait sur le concept qu'un vrai Canadien ne devait être loyal qu'au Canada. Il ne souhaitait néanmoins forcer aucun groupe à ignorer ses racines, sa langue ou ses croyances religieuses. Les gens devaient se tolérer mutuellement et accepter leurs différences.

Pour y parvenir, Laurier croyait que le gouvernement fédéral ne devait jamais agir de façon à menacer l'identité d'un groupe : sa religion, sa langue, ses écoles. En ces matières, il était essentiel que chaque province jouisse de son autonomie, qu'elle ait le droit de voter ses propres lois sans aucune interférence de la part du gouvernement fédéral. Permettre à ces différences de coexister donnerait à tous les Canadiens un sentiment de sécurité : aucun groupe ne sentirait son identité culturelle menacée. Ce sentiment rendrait tous les Canadiens loyaux envers un pays qui protégeait leur droit à la différence. De cette façon, la diversité produirait l'unité.

Laurier espérait que, le moment venu, les gens cesseraient de se qualifier de canadiens-français et de canadiens-anglais. Confiants en la tolérance mutuelle, ses compatriotes gagneraient de l'assurance et les impérialistes ne demanderaient plus de conseils à la Grande-Bretagne. Les deux groupes seraient fiers

d'être simplement des Canadiens ; la confiance et
l'amitié remplaceraient la méfiance et l'hostilité. Pour
finir, le jour viendrait où tous les Canadiens
accepteraient de libérer leur pays de l'emprise britannique. Toujours loyal envers la mère patrie, mais maître
de sa destinée, le Canada déclarerait son indépendance.

Laurier savait que cet objectif lointain ne serait
pas facilement atteint. Les différences à l'intérieur de
la société canadienne signifiaient qu'aucun groupe ne
pouvait dicter sa volonté. Il avait l'absolue conviction
que pour prévenir le conflit, il fallait prendre et
donner. La Confédération était fondée sur le compromis. Sans compromis, il n'y aurait pas d'avenir pour le
Canada. En fin de compte, le compromis conduirait à
l'indépendance. Laurier le réaliste ne perdit jamais cet
idéal de vue.

Quand Laurier accepta de diriger le Parti libéral
en 1887, le mot « compromis » était loin d'être populaire dans certaines régions du Canada. En Ontario, un
grand nombre approuvait D'Alton McCarthy quand il
accusait les francophones d'appartenir à une « nation
bâtarde ». À l'occasion d'un débat houleux à la
Chambre des communes, lui et ses partisans firent
valoir que le Canada était britannique et qu'il ne devait
y avoir qu'une seule « race » dans ce pays. Laurier
réagit en précisant que, bien que d'origine française, il
était également citoyen britannique. Et s'il ne devait y
avoir qu'une seule race, poursuivit-il, « quelle serait-
elle ? Le lion britannique avalera-t-il l'agneau français,
ou bien l'agneau français avalera-t-il le lion britannique ? Plusieurs races peuvent coexister, mais il n'y
aura qu'une seule nation. »

À l'extérieur de la Chambre, McCarthy allait beaucoup plus loin. Il menaçait d'exercer la violence. «Ce pays est britannique et plus vite nous prenons nos Canadiens français en main et en faisons des Britanniques... moins nous aurons de problèmes à prévenir. À présent, c'est le vote qui décidera de cette grande question; et si cela ne fournit pas le remède à cette génération, les baïonnettes le fourniront à la prochaine.»

Ces paroles étaient dangereuses, mais McCarthy ne doutait de rien. À l'intérieur de la Chambre, il poursuivit ses attaques en soumettant une proposition visant à mettre fin à l'usage du français dans les Territoires du Nord-Ouest.

Laurier était furieux, mais il s'efforça de contrôler sa colère quand il se leva pour parler. Sans sourire, il regarda directement McCarthy assis dans les bancs des conservateurs.

«L'honorable gentleman propose froidement que, pour devenir de bons Canadiens, un million et demi de Canadiens devront renoncer à leur origine et aux traditions de leur race. Il propose que l'humiliation de toute une race dans notre pays serve de base à ce dominion. Croit-il que soumettre toute une partie de la population à la honte de renoncer à ses origines et de tourner le dos à son histoire pourrait la rendre fière de son pays?»

Après le vote, la proposition de McCarthy fut défaite. Mais McCarthy était loin d'être prêt à abandonner la partie. Laurier le savait et il informa la Chambre du véritable but visé par McCarthy: «Ce n'est là qu'une escarmouche préliminaire et bientôt, toute la race française au Canada sera massacrée. Les

Canadiens français seront privés de leur langue, non seulement dans les Territoires du Nord-Ouest, mais partout où la langue existe. »

Laurier avait vu juste. La cible suivante fut le Manitoba. Le message anti-français de McCarthy plaisait à de nombreux Manitobains. Ils étaient mécontents du système d'écoles séparées établi par la Loi sur le Manitoba de 1870. Vingt ans plus tard, très peu de francophones catholiques vivaient dans la province. La majorité des habitants était constituée de protestants anglophones venus de l'Ontario.

En février 1890, le gouvernement du Manitoba posa un geste. Il annonça que le français ne serait plus une des langues officielles de la province. Il adopta ensuite la Loi sur les Écoles publiques en vertu de laquelle la religion ne serait plus enseignée et l'anglais serait la seule langue d'enseignement dans toutes les écoles publiques (celles qui étaient subventionnées par le gouvernement). Si les catholiques voulaient conserver leurs écoles séparées, ils devraient payer de leurs poches, et payer aussi, par les impôts, pour les écoles du système public. C'était là un coup fatal porté au système établi par le gouvernement conservateur vingt ans plus tôt, lors de la création du Manitoba.

Furibond, l'épiscopat catholique québécois fut le premier à réagir. Il exigea que le gouvernement fédéral rejette la loi manitobaine. La situation était délicate, et le gouvernement conservateur se sentait peu enclin à entreprendre une action. S'il le faisait, les protestants ontariens l'accuseraient de céder devant l'Église catholique. Dans le cas contraire, les droits de la minorité catholique, garantis par le gouvernement conservateur en 1871, seraient bafoués. Quelle que soit sa décision, elle offenserait l'un ou l'autre groupe, et il perdrait des votes.

Divisés entre eux, les conservateurs préférèrent ajourner leur décision en portant la cause devant les tribunaux. Près de quatre ans plus tard, en janvier 1895, après de nombreuses audiences en cour tant au Canada qu'en Grande-Bretagne, le jugement final fut rendu : le gouvernement fédéral avait le droit de voter une loi corrective afin d'obliger le Manitoba à rouvrir des écoles catholiques dans la province.

Divisé sur la question, le gouvernement conservateur hésitait pourtant encore. Il ordonna finalement au Manitoba de rouvrir les écoles catholiques. Le Manitoba refusa purement et simplement et le gouvernement conservateur annonça qu'il préparait un projet de loi correctif qui serait présenté à la prochaine session de la Chambre des communes, en janvier 1896. Après tous ces délais, voilà que les conservateurs prenaient enfin position. Mais quelle était celle des libéraux, se demandaient les gens ? Laurier et son parti affrontaient eux aussi un dilemme. Pendant cette interminable affaire manitobaine, le conflit entre sa foi passionnée en l'autonomie des provinces et son engagement également fervent envers les droits des minorités tourmenta Laurier. Heureusement, sa nature prudente lui permit de prendre son temps, d'écouter et de demeurer silencieux jusqu'au moment propice. De cette façon, pendant que le Parti conservateur se déchirait graduellement, il avait gardé son parti uni.

Il n'avait toutefois pas été facile de rester silencieux. Laurier était souvent pressé de montrer son jeu. Le clergé catholique poursuivait une campagne des plus actives dans le cadre de laquelle tous les prêtres indiquaient clairement à leurs paroissiens la position de l'Église. Si Laurier n'acceptait pas de se déclarer en faveur de la minorité catholique au Manitoba, l'Église promettait de s'opposer à lui et à tous les candidats libéraux à la prochaine élection. Mais en Ontario, les Églises protestantes, la loge orangiste et la majorité des journaux appuyaient l'autonomie provinciale et avertissaient Laurier de ne pas se mêler des affaires du Manitoba.

Il allait bientôt devoir dévoiler sa politique. Appuyait-il l'ingérence du gouvernement fédéral dans les affaires d'une province? Acceptait-il de permettre qu'une minorité perde ses droits? En février 1896, les conservateurs mirent leur menace à exécution. Ils présentèrent un projet de loi à la Chambre des communes afin de restaurer les écoles catholiques au Manitoba.

Laurier attendit patiemment le moment favorable pour entrer dans le débat. Il commença par souligner que l'Église catholique avait clairement indiqué ce qu'elle ferait s'il s'opposait au projet de loi. Mais ce n'était pas cette menace qui l'avait influencé à prendre position.

« Tant et aussi longtemps que j'occuperai un siège dans cette Chambre, tant et aussi longtemps que j'occuperai le poste que j'occupe actuellement, chaque fois qu'il sera de mon devoir de me prononcer sur toute question que ce soit, je ne le ferai pas en accord avec le catholicisme ou le protestantisme, mais avec ce qui fait appel à la conscience de tous les hommes, quelle que soit leur foi, avec ce qui peut être la préoccupation de tout homme qui aime la justice, la liberté et la tolérance. »

Quelle serait cette position ? Il donna sa réponse.

« Jamais je ne me suis levé avec un plus grand sentiment de sécurité ; jamais je ne me suis senti aussi fort dans la conscience de mon droit que maintenant, dans ce moment d'angoisse, au nom de la constitution si outrageusement mal interprétée par le gouvernement, au nom de la paix et de l'harmonie dans ce pays ; lorsque, au nom de la minorité que ce projet de loi cherche ou prétend chercher à aider, au nom de ce pays où sont centrés tant d'espoirs, je me lève pour demander au Parlement de ne pas persévérer en ce qui concerne ce projet de loi. »

Laurier venait finalement de révéler sa position. Il s'opposait à laisser le gouvernement fédéral obliger un gouvernement provincial à se soumettre à sa volonté. Il se prononçait en faveur de l'autonomie des provinces.

Le débat se poursuivit encore pendant plusieurs semaines, mais les conservateurs n'avaient plus de temps. Leur mandat avait atteint la limite de cinq ans imposée par la tradition. À la fin du mois d'avril, le Parlement fut dissous et la date des élections fut fixée au 23 juin.

Pendant la campagne qui suivit, Laurier n'eut qu'une seule crainte : le pouvoir de l'Église catholique au Québec. Même s'il prenait de l'âge, son vieil ennemi, monseigneur Laflèche, était encore tout feu tout flamme et prêt à se jeter de nouveau dans la bataille. Il mena l'assaut en faisant savoir à tous les prêtres qu'il fallait s'opposer à Laurier. Les catholiques furent informés qu'ils commettraient un péché en supportant Laurier et ses libéraux.

Après le comptage des votes, Laurier était sans contredit le vainqueur. Le peuple québécois avait ignoré les avertissements de l'Église et accordé sa confiance à Laurier et à sa promesse d'élaborer une politique qui résoudrait les problèmes sans usage de la force juridique tout en rendant justice à la minorité.

Au Québec, Laurier et ses collègues libéraux remportèrent quarante-neuf des soixante-cinq sièges. Dans le reste du pays, les conservateurs remportèrent un peu plus de sièges que les libéraux. Avec la marge considérable qu'il détenait au Québec, Laurier jouissait d'une confortable majorité dans la nouvelle Chambre des communes. Pour la première fois dans l'histoire du Canada, le peuple avait élu un francophone catholique au poste de premier ministre.

Dessin représentant l'élégant premier ministre canadien,
paru en 1897 dans le magazine britannique *Vanity Fair*.
Il se trouvait alors à Londres pour la célébration
du jubilé de diamant de la reine Victoria.

7

La conciliation

L a session parlementaire débuta le 20 août 1896. Pour les libéraux, ce fut un jour de fête. Après dix-huit longues années dans l'opposition, ils occupaient de nouveau les bancs du gouvernement. Plusieurs étaient des hommes de talent parmi lesquels Laurier put choisir un cabinet fort. Trois d'entre eux avaient renoncé à leurs postes de premiers ministres provinciaux pour joindre ce cabinet : Mowat de l'Ontario, Fielding de la Nouvelle-Écosse et Blair du Nouveau-Brunswick. Des seize membres du cabinet, Laurier et six autres venaient du Québec. En novembre, Laurier ajouterait un dix-septième membre, Clifford Sifton, un jeune avocat prospère du Manitoba. À l'époque, Sifton était cependant ministre dans sa propre province où il s'efforçait de régler la question des écoles.

Le problème des écoles manitobaines préoccupait Laurier. Au cours de sa campagne électorale, il avait promis de trouver une solution satisfaisante pour la majorité des Canadiens, promesse qui fut réitérée dans le Discours du trône lu par le gouverneur général Lord Aberdeen le jour de l'ouverture du Parlement.

Laurier était un homme de parole. Avant même d'être élu, il avait envoyé des représentants à Winnipeg afin d'entreprendre des pourparlers avec Thomas Greenway, premier ministre du Manitoba. Après l'élection, ces pourparlers aboutirent à un accord. Les termes en furent divulgués le 20 novembre 1896, jour du cinquante-cinquième anniversaire de Laurier. Le système scolaire public établi par le Manitoba resterait en place, mais à 15 h 30, à la fin de la journée d'école, les enfants catholiques pourraient recevoir une demi-heure d'enseignement religieux. De plus, il y aurait un enseignant bilingue dans toutes les classes comptant un minimum de dix enfants parlant le français (ou toute autre langue).

Pour la plupart des catholiques, les termes de cette entente semblèrent raisonnables. Mais les évêques québécois partirent sur le sentier de guerre. Ils dénoncèrent cet accord, l'attaquèrent en chaire et interdirent les journaux qui osèrent en faire l'éloge.

À ceux qui rejetaient cette solution de compromis, Laurier répliqua qu'elle était conçue conformément à son objectif premier de garder le pays uni et de protéger les droits des minorités. « J'ai consacré ma carrière à la réalisation d'une idée. J'ai poursuivi le travail de la Confédération à partir de là où je l'ai trouvé quand je suis entré en politique, et j'ai résolu d'y consacrer ma vie. Rien ne m'empêchera de poursuivre jusqu'à la fin de mes jours ma tâche de conserver à n'importe quel prix nos libertés civiles. »

Laurier fut troublé en voyant que l'épiscopat québécois refusait de cesser le combat. L'Église catholique était un ennemi puissant. Elle ne l'appuierait peut-être jamais, mais son opposition active représentait un grand danger. La base du pouvoir de Laurier se trouvait au Québec. Les électeurs québécois leur avaient donné, à lui et aux libéraux, la majorité dont ils jouissaient à la Chambre des communes. Il risquait de la perdre si les prêtres faisaient campagne contre lui.

Seul le pape pouvait les arrêter. Vingt ans auparavant, après la mission d'enquête du cardinal Conroy au Canada, le clergé québécois avait reçu l'ordre de cesser de prendre parti en matière politique. Cela pouvait-il se répéter ? se demandait Laurier. La seule façon de le savoir était de faire appel au pape Léon XIII. Dans ce but, il envoya Charles Fitzpatrick, un de ses ministres catholiques, à Rome. Heureusement, le pape était disposé à l'écouter et il accepta d'envoyer au Canada son ami et collègue, le jeune cardinal espagnol Merry del Val, afin d'évaluer la situation. Comme Conroy l'avait fait avant lui, del Val passa plusieurs mois à enquêter avant de retourner à Rome présenter ses conclusions à Léon XIII. Le pape répondit par un document intitulé *Affari Vos* que tous les prêtres canadiens lurent à leurs ouailles en janvier 1898. Selon le pape, la solution de Laurier comportait des défauts, mais il lui trouvait également de bonnes qualités. Il demandait à tous les catholiques de l'accepter.

Pour Laurier, ce fut une directive très importante. Le clergé québécois était furieux, mais il devait accepter la décision du saint-père. Entre-temps, les catholiques du Manitoba, du Québec et d'ailleurs au pays étaient enchantés de la politique de Laurier.

En évitant l'usage du pouvoir judiciaire, Laurier était également parvenu à maintenir son principe de l'autonomie provinciale. Rejetant l'interférence du pouvoir fédéral, il avait préservé la tradition et laissé les provinces exploiter leurs propres systèmes d'éducation. Cela lui gagna le respect de nombreux anglophones.

C'était aussi la première fois qu'il utilisait officiellement le compromis pour régler un problème. Quand il faisait partie de l'opposition et que le gouvernement conservateur avait menacé d'adopter le projet de loi pour forcer le Manitoba à rouvrir les écoles, Laurier avait déclaré que la situation lui rappelait une vieille fable racontant une dispute entre le vent et le soleil. « Ils [les conservateurs] ont soufflé, tempêté et menacé, mais plus ils menaçaient, tempêtaient et soufflaient, plus ce Greenway se cramponnait à son manteau. Un gouvernement très venteux. Si c'était en mon pouvoir, et si j'en avais la responsabilité, j'essaierais le soleil. »

À présent qu'il détenait le pouvoir, il avait utilisé le « soleil » et avait réussi. Il appliquerait la même méthode pour régler les problèmes futurs.

Laurier se pencha ensuite sur le tarif douanier, la taxe ou le droit que le gouvernement fédéral impose sur les biens importés au Canada. En avril 1897, son ministre des Finances, W. S. Fielding, annonça que les libéraux, à l'instar des conservateurs avant eux, continueraient d'imposer un tarif douanier sur les biens importés. Mais il y avait une importante exception. Le Canada réduirait ce tarif sur les marchandises britanniques. En favorisant ainsi la métropole, le pays se conformait à une politique de préférence impériale. Cette décision fut encensée par deux sources : les impérialistes canadiens et les Britanniques qui exportaient des produits au Canada.

« Pour la première fois selon mon expérience, écrivit le correspondant du *New York Times* à Londres, l'Angleterre et les Anglais considèrent les Canadiens et le dominion avec un enthousiasme affectueux. Ici, cet esprit de préférence envers la mère patrie plaît à l'imagination. Grâce à ce changement, quand M. Laurier nous rendra visite en juin, il sera de loin le plus visible et populaire de tous les premiers ministres de l'Empire. »

Quelques semaines plus tard, Laurier et Zoé montèrent à bord du *Lucania*, pour aller assister à la plus importante célébration tenue en Angleterre au dix-neuvième siècle, le jubilé de diamant de la reine Victoria, le soixantième anniversaire de son règne. À cette occasion, Londres accueillerait des représentants de toutes les régions du plus grand empire du monde.

C'était la première fois que le couple traversait l'océan, et Laurier découvrit qu'il n'avait pas le pied aussi marin que Zoé. Malade et incommodé pendant presque toute la traversée de sept jours, il fut rempli de joie à la vue de la terre. À leur arrivée à Londres, on les conduisit au luxueux hôtel Cecil où ils étaient les invités du gouvernement britannique.

Comme le montrait le choix de cet hôtel, les Britanniques étaient résolus à courtiser Laurier. Le secrétaire colonial, Joseph Chamberlain, lui envoya ensuite un message l'informant que la reine prévoyait le nommer à son conseil privé. À cette fin, Laurier serait fait chevalier. Il commença par hésiter, mais Chamberlain lui fit clairement comprendre qu'un refus insulterait la souveraine. Laurier accepta donc cet honneur. Le 21 juin, au cours d'une impressionnante cérémonie tenue au palais de Buckingham, la reine Victoria conféra à Laurier le titre de Chevalier Grand croix de l'Ordre de saint Michel et de saint Georges. Il était désormais sir Wilfrid Laurier.

Le lendemain, il revêtit le costume d'un membre du conseil privé : chapeau incliné, veston habillé, dentelle dorée et pantalon blanc. Sur sa poitrine, il arborait l'étoile à sept pointes de l'Ordre de saint Michel et de saint Georges. Pour sa part Zoé portait une robe longue en soie grise et des diamants dans ses cheveux. Tiré par quatre chevaux, leur carrosse prit la tête d'un cortège de deux kilomètres de long auquel participaient les dirigeants de toutes les colonies de l'Empire britannique. Des fanfares et des régiments de soldats en uniformes multicolores escortaient les carrosses. Applaudissant et agitant la main, plus de trois millions de personnes se pressaient sur les trottoirs, se penchaient aux balcons, grimpaient sur les toits et occupaient chaque fenêtre le long du trajet de dix kilomètres jusqu'à la cathédrale Saint-Paul. À la cathédrale, les invités se placèrent à leur siège réservé juste avant l'arrivée de la reine. Après une brève cérémonie à l'extérieur accompagnée d'une prière d'action de grâce offerte à Victoria par l'archevêque de Canterbury, la procession se rassembla. Le carrosse de la reine, suivi par celui de sir Wilfrid, prit la tête du cortège en route vers le palais de Buckingham.

La vedette du jubilé était Victoria, mais la personnalité la plus populaire après elle fut le premier ministre canadien. Les hôtes britanniques de Laurier ne ménagèrent pas leurs efforts et il fut l'invité d'honneur de déjeuners, de banquets, de réceptions, de garden-parties et de dîners privés. «Pour la première fois, commenta *The London Daily Mail*, un politicien de notre Nouveau Monde a été reconnu comme l'égal des grands hommes du vieux pays.»

Comment aurait-on pu ignorer ce genre d'attention? Laurier répondit par d'innombrables discours dans lesquels il louait la Grande-Bretagne pour son rôle dans le combat pour la justice et la liberté. Il ne cessa de répéter combien il était fier d'être un sujet britannique. «Je suis un Britannique de cœur, affirma-t-il. Il ne saurait y avoir de plus grande fierté pour moi que de voir un jour un Canadien de descendance française affirmer les principes de liberté au Parlement de la Grande-Bretagne», déclara-t-il au Liberal Club de Londres. Dans un autre discours, il avança que le Canada pourrait être représenté à la Chambre des communes britannique ou dans un conseil de l'Empire. C'était exactement ce que Joseph Chamberlain et d'autres dirigeants britanniques voulaient l'entendre dire. Il semblait suggérer que le Canada consentait à garder son rôle d'enfant dépendant, toujours accroché aux jupes de sa mère, et prêt à accourir, sans poser de questions, chaque fois que Grande-Bretagne l'appellerait à l'aide. L'idéal de Laurier avait pourtant toujours été l'indépendance.

Toutes ces célébrations lui avaient-elles tourné la tête?

À d'autres occasions, ses déclarations semblèrent cependant contredire les précédentes. «Les colonies sont nées pour être des nations et le Canada est une nation», déclara-t-il à un groupe, et une autre fois: «Le Canada est libre et la liberté est sa nationalité.»

Que pensait-il vraiment des relations entre le Canada et la Grande-Bretagne et pourquoi semblait-il se contredire? Son respect pour les accomplissements britanniques était sincère. Il connaissait l'histoire de la Grande-Bretagne et ressentait une profonde admiration à l'égard de la mère patrie. Il était toutefois une bête politique et il agissait très rarement sans avoir minutieusement pesé les conséquences politiques de ses actes. Il savait qu'en acceptant la dignité de chevalier et en parlant si chaleureusement de la métropole, il impressionnerait les impérialistes canadiens, surtout en Ontario. Cela pourrait se révéler utile dans l'avenir.

Tout en respectant la Grande-Bretagne, Laurier ne voulait certes pas voir le Canada confiné à jamais dans son rôle de colonie, toujours obligé de demander à la mère patrie la permission d'entreprendre telle ou telle action. Il l'exposa clairement à la conférence coloniale qui débuta trois jours après son intronisation comme chevalier.

Les Britanniques avaient organisé cette conférence pour consolider les liens entre les colonies et la métropole. Le président de la conférence, Joseph Chamberlain, visait trois objectifs. Sa priorité était de former un conseil de l'Empire au sein duquel le Canada et d'autres colonies seraient représentés. Ce conseil donnerait à chaque colonie une voix en ce qui concernait les sujets de nature impériale, mais la Grande-Bretagne serait dominante. Il voulait également que les colonies promettent d'aider l'armée et la marine britanniques en temps de guerre. Il espérait enfin développer le commerce avec les colonies.

Chamberlain découvrit bientôt que la flatterie et le charme anglais n'avaient pas gagné le premier ministre canadien à sa cause. Laurier admit que l'idée d'un conseil impérial était séduisante, mais qu'elle engendrait certaines questions. Quel serait le pouvoir de chaque colonie à titre de membre du conseil, par exemple ? Il ne se joindrait pas au conseil avant d'avoir obtenu une réponse à ses questions. Il refusa également ment l'idée d'envoyer des Canadiens participer aux guerres britanniques. En ce qui concernait le commerce, le Canada n'avait-il pas déjà accepté de réduire ses tarifs douaniers sur les exportations de la métropole et de ses colonies ? À la fin de la conférence, Chamberlain n'avait rien obtenu d'autre qu'un accord commun à tenir le même genre de réunion dans l'avenir. L'astucieux Laurier s'était glissé entre les mailles du filet.

Après la conférence, le couple se rendit à Paris où Laurier prononça une série de discours et eut des entretiens avec le président français. Pour ne pas être en reste avec les Anglais, qui avaient conféré à Laurier la dignité de chevalier, la France le fit grand officier de la Légion d'honneur. Avant de quitter la France, les Laurier visitèrent la région d'où venait son ancêtre Cotineau-Champlaurier.

Pour Laurier, ce séjour en Angleterre avait été un triomphe. Au retour, lorsque leur bateau entra dans le fleuve Saint-Laurent, le couple fut invité à monter sur le pont. Zoé pressa avec émotion le bras de son mari. «Regarde, Wilfrid, murmura-t-elle.» Sur les deux rives, des groupes de gens enthousiastes agitaient la main et les saluaient. Laurier ne dit rien, mais Zoé sentit qu'il lui pressait le bras à son tour. Son peuple était fier de lui et cette fierté le remplissait de joie. Plus tard, à la tombée de la nuit, tandis que le *Labrador* remontait le courant, ils s'appuyèrent au bastingage et regardèrent les feux de joie qu'on avait allumés sur les berges en signe de bienvenue.

À Québec, quelque vingt mille personnes s'étaient massées pour les accueillir. Le visage éclairé d'un grand sourire, Laurier leur tendit les bras, prenant un enfant ou serrant la main d'un jeune partisan. «Aujourd'hui, le Canada a occupé sa position parmi les nations du monde», dit-il à la foule qui l'acclama de nouveau. De Québec, ils poursuivirent leur route vers Montréal en bateau, avant de prendre le train pour Arthabaska, Toronto et, pour finir, Ottawa. Leur voyage de retour fut une succession de banquets, de réceptions et de discours en l'honneur du couple. Partout où ils allaient, ils étaient couverts de cadeaux, notamment un piano pour Zoé.

Ce piano neuf serait expédié à une nouvelle résidence. À présent que Laurier était premier ministre, lui et Zoé allaient devoir habiter dans la capitale. Le Parti libéral offrit de leur acheter une maison à Ottawa et de leur fournir des domestiques pour aider Zoé, qui serait une hôtesse beaucoup plus occupée qu'à Arthabaska. Au 336, rue Theodore (qui deviendrait par la suite la rue Laurier), leur nouvelle résidence était une grande maison en brique de trois étages. Après avoir vécu presque trente ans à Arthabaska, Wilfrid et Zoé firent leurs adieux aux nombreux amis qu'ils s'y étaient faits. Ils reviendraient, mais seulement en visite.

Comme son mari, Zoé savait s'habiller avec élégance.
À titre d'épouse du premier ministre, elle participa
à de nombreuses fonctions officielles.

8

Signes avant-coureurs de tempête

Après la tempête provoquée par la question scolaire au Manitoba, les Canadiens accueillirent avec soulagement le calme qui marqua les premières années du mandat de Laurier. La plupart se déclarèrent enchantés de l'efficacité avec laquelle le premier ministre gérait les affaires du pays. Même l'infatigable opposition conservatrice fut incapable de trouver des défauts à sa performance.

Puis, ce fut l'automne 1899. Le problème commença en Afrique du Sud. Depuis le début du printemps, le conflit s'était envenimé entre la Grande-Bretagne et les Boers, habitants de deux petits pays africains, le Transvaal et l'État libre d'Orange. Des rumeurs de guerre se propagèrent et les impérialistes canadiens frénétiques se mirent à battre le rappel pour l'appui du Canada à la mère patrie. Comme le *Montreal Star*, populaire journal anglophone, le déclara à ses lecteurs : « C'est notre combat qui sera livré par les troupes britanniques. »

Laurier était convaincu que les Britanniques défendaient une juste cause contre les Boers, mais il croyait aussi que le Canada ne devait pas s'impliquer dans un conflit lointain qui ne le concernait pas. Il avait l'impression que si certains Canadiens pensaient comme lui, une majorité voulait voir le Canada s'impliquer. Comment trouver un juste milieu apte à satisfaire les deux groupes ?

La tension monta en Afrique du Sud ; un journal annonça alors qu'une unité militaire canadienne serait envoyée pour prêter main-forte à la Grande-Bretagne dès que la guerre commencerait. Ce jour-là, 3 octobre, Laurier terminait une tournée de conférences à Toronto. John Willison, rédacteur en chef du *Globe* de Toronto, se trouvait avec lui.

« C'est une nouvelle très importante, sir Wilfrid, dit Willison avec animation. Quand cette décision a-t-elle été prise ?

— C'est pure fiction, répliqua Laurier. Jamais nous n'avons fait cette offre à la Grande-Bretagne. Le Parlement, et lui seul, a le droit de prendre une telle décision. Et comme vous le savez, le Parlement n'est pas en session.

— Mais, sir Wilfrid, insista Willison, de nombreux Canadiens croient que votre gouvernement a le devoir d'aider la mère patrie. Êtes-vous en train de me dire que telle n'est pas votre intention ?

— Mon cher Willison, soupira Laurier, je dis seulement que même si nous pouvions accepter d'envoyer des troupes, je ne vois pas comment ce serait possible.»

Une tempête politique était sur le point d'éclater au-dessus de la tête de Laurier. Les impérialistes réagirent avec colère à ses commentaires quand le *Globe* les publia le lendemain. Le premier ministre se rendit quand même à Chicago le 7 octobre, pour une série de rencontres avec les présidents des États-Unis et du Mexique. Quatre jours plus tard, la guerre semblait imminente. Laurier abrégea son séjour et se hâta de prendre le train pour Ottawa où il réunit son cabinet. Ils devaient décider si le Canada prendrait part à cette guerre potentielle.

Le cabinet était douloureusement divisé. La majorité voulait que des troupes canadiennes aillent soutenir la Grande-Bretagne. Les autres souhaitaient plus de circonspection. Mais un membre québécois, Israël Tarte, se prononça catégoriquement contre l'implication du Canada. «Pas un homme, pas un sou pour l'Afrique du Sud! s'écria-t-il avec émotion. Le peuple du Québec ne permettra jamais que ses fils aillent mourir dans une guerre qui ne veut absolument rien dire pour lui.»

Des heures durant, Laurier et ses ministres discutèrent avec ferveur, mais aucun consensus ne fut atteint. À la fin, espérant que les ardeurs seraient calmées le lendemain, Laurier mit fin à la réunion. Plus tard ce soir-là, un groupe de députés québécois demanda à le voir. L'un d'eux était le jeune Henri Bourassa qui, âgé de vingt-huit ans, venait d'être élu en

1896. Laurier connaissait les talents de Bourassa et le considérait comme un ministre potentiel.

Laurier commença par expliquer pourquoi il était difficile de décider de la bonne politique à adopter pour le Canada. Dès qu'il eut terminé, Bourassa prit la parole. «Dans tout ce que vous venez de dire, je ne trouve rien qui puisse justifier l'envoi de troupes canadiennes en Afrique du Sud», dit-il d'un ton tranchant. Les députés plus âgés se regardèrent, surpris. «Vous avez déjà déclaré publiquement qu'on n'enverrait pas de soldats sans le consentement du Parlement.

— Non, Henri, je n'ai jamais dit ça, répondit calmement Laurier. Ce que j'ai dit, c'est que je ne voyais pas comment nous pourrions les envoyer. Je comprends votre inquiétude, continua-t-il, mais vous devez admettre que les circonstances sont très difficiles, et qu'à moins de…

— C'est parce que les circonstances sont difficiles que je vous demande de tenir parole, l'interrompit Bourassa. Gouverner, c'est montrer suffisamment de courage, à un moment donné, pour risquer son pouvoir afin de sauver un principe.»

Laurier fut atterré par cette agressivité. Le silence se prolongea quelques instants. «Mon cher Henri, dit-il enfin, vous n'avez pas un esprit pratique.»

Bourassa se raidit. «Si vous vous prononcez en faveur d'une intervention, répliqua-t-il sèchement, vous devrez alors décider de l'attitude que vous voulez me voir adopter : démissionner ou parler et voter contre le cabinet.»

Le lendemain, Laurier et son cabinet apprirent que la guerre avait commencé. Ils devaient maintenant trouver une solution apte à satisfaire tous les Canadiens. Laurier élabora soigneusement une politique basée sur le compromis. Aucune troupe officielle ne serait envoyée en Afrique du Sud, mais un millier de volontaires seraient autorisés à joindre les rangs des forces britanniques. Le gouvernement défraierait le coût de leur équipement et de leur transport en Afrique du Sud.

Laurier espérait que les impérialistes se réjouiraient de cette politique qui apportait un appui aux Britanniques. Ceux qui s'opposaient à la participation canadienne seraient également satisfaits parce que personne ne serait enrôlé de force. Laurier indiqua clairement que cette politique ne constituait pas un précédent. Le fait d'aider la mère patrie cette fois ne signifiait pas que le Canada devait accourir chaque fois qu'elle ferait appel à lui. En outre, les coûts impliqués pour une force de cette taille étaient minimes. Il n'était pas nécessaire de convoquer une session extraordinaire du Parlement.

La plupart des Canadiens approuvèrent l'approche de Laurier, mais les militants des deux factions continuèrent de le critiquer. Quand il convoqua le Parlement pour la session normale en février 1890, l'opposition conservatrice se joignit à l'assaut. Laurier avait affirmé être loyal à la Grande-Bretagne quand il avait assisté au jubilé, mais à présent qu'elle avait des ennuis, il lui tournait le dos.

Il avait un autre ennemi, car Henri Bourassa avait pris sa décision. Il avait démissionné, quitté le Parti libéral et s'était porté candidat comme indépendant à une élection partielle. Laurier ordonna généreusement qu'aucun candidat libéral ne s'oppose à lui, et Bourassa fut dûment élu. À la Chambre des communes, il entreprit sa campagne contre son ancien chef.

L'un des discours dans lequel Bourassa condamnait la politique de compromis de Laurier dura trois longues heures. À la fin, Laurier se leva pour se défendre. « Je pose cette question à mon honorable ami. Dans quel état serait aujourd'hui ce pays si nous avions refusé d'obéir à la voix de l'opinion publique ? Il n'est que trop vrai que si nous avions éludé notre devoir impératif, la plus dangereuse agitation aurait vu le jour, une agitation qui, selon toute probabilité humaine, aurait produit un clivage dans la population sur des bases raciales. Il ne saurait y avoir de plus grande calamité pour le Canada. Mon honorable ami sait aussi bien que n'importe qui dans cette Chambre que j'ai consacré ma vie politique à tenter de promouvoir l'unité et les relations harmonieuses entre les divers éléments de ce pays. »

Ce jour-là, Laurier avait eu le dernier mot, mais il savait que Bourassa exprimait des opinions partagées par de nombreux Québécois. L'un des points défendus par ce dernier était clairement établi dans *La Presse*, un quotidien montréalais : « Nous, Canadiens français, appartenons à un seul pays, le Canada ; pour nous, le Canada est le monde entier ; mais les Canadiens anglais ont deux patries, une ici et l'autre outre-mer. » Laurier savait qu'en ressassant continuellement ce thème, Bourassa pourrait devenir une menace très sérieuse.

Pour le moment, l'orage avait passé. À l'automne 1900, après un mandat de quatre ans, Laurier déclencha des élections. C'était son premier test au scrutin en

tant que premier ministre, et les électeurs leur donnèrent, à lui et au Parti libéral, une majorité encore
plus confortable à la Chambre des communes. Sa
politique concernant la guerre des Boers lui fit perdre
des sièges en Ontario, mais il en avait gagné au
Québec, sa propre province. Bourassa ne lui avait pas
fait de mal. Pas encore.

∽

Le 1er janvier 1901, marquant le début du
vingtième siècle, fut célébré dans l'ensemble du
Canada avec optimisme et enthousiasme. Mais la reine
Victoria mourut trois semaines plus tard. De nombreux
Canadiens portèrent le deuil et, à la Chambre des
communes, Laurier exprima les condoléances du
peuple du Canada à la famille royale. L'année suivante,
Laurier et Zoé se rendirent à Londres pour assister au
couronnement du roi Édouard VII, fils et héritier de
Victoria.

Il y eut bien sûr une nouvelle conférence coloniale. Joseph Chamberlain n'avait pas renoncé à
convaincre Laurier que les colonies et la métropole
devaient entretenir des liens plus étroits. Pour y parvenir, il comptait sur le conseil colonial, le support
militaire et l'accroissement des rapports commerciaux.
Mais Laurier se montra encore moins souple que cinq
ans auparavant. À chaque proposition, il répondit par
un « non » poli, mais ferme. Lorsque la question
militaire fut abordée, il suggéra même que le Canada
devrait créer sa propre marine pour défendre son
littoral.

Après le couronnement, les Laurier se rendirent en France pour une tournée d'activités sociales et gouvernementales, et cela, bien que Laurier fût épuisé par le programme exigeant auquel il avait dû se conformer en Angleterre. Se sentant au plus mal, il consulta quelques médecins à Paris et fut soulagé d'apprendre que sa peur d'un cancer était sans fondement. Le couple alla alors passer plusieurs semaines de vacances en Suisse et en Italie. Mais Laurier eut une rechute juste avant leur retour au Canada, le 7 octobre, et resta alité pendant toute la traversée.

Il n'avait pas été malade depuis des années. Son état avait toutefois ranimé ses anciens doutes et il sentit la dépression l'envahir de nouveau. Ne vaudrait-il pas mieux renoncer à la politique et reprendre une vie simple, avec moins de pressions? se demandait-il. En novembre, son médecin le pressa d'aller se reposer sous un climat plus chaud. En compagnie de Zoé, il se rendit donc à Hot Springs, en Virginie, puis à St. Augustine, en Floride, où il passa plusieurs semaines. À leur retour au début de la nouvelle année, Laurier avait retrouvé sa santé et son optimisme. Il avait hâte de retourner à son bureau à Ottawa.

Il aurait besoin de toute sa santé et de tout son enthousiasme, car un vieux problème non résolu était soudain devenu sérieux. Il s'agissait de la frontière entre le territoire canadien du Yukon et l'Alaska. Les États-Unis avaient acheté l'Alaska à la Russie en 1867, mais ils n'avaient jamais conclu d'accord avec le Canada pour déterminer où se situerait la frontière. La question importa peu jusqu'en 1897, lorsqu'on découvrit de l'or dans un ruisseau qui se jetait dans la rivière Yukon. En 1898, des milliers d'hommes et de femmes venus du monde entier participèrent à la Ruée vers l'or du Yukon.

La question des frontières prit alors une importance considérable. Les prospecteurs traversaient-ils le territoire canadien ou le territoire américain ? Quel pays avait le droit de contrôler la route de l'or ? Désireuse de prévenir un conflit, la Grande-Bretagne persuada les deux parties de laisser un tribunal trancher. Le Canada désignerait deux de ses membres, la Grande-Bretagne, un, et les États-Unis, trois. Ces six juges seraient tous certifiés comme étant des personnes honnêtes et sans préjugés.

Pour Laurier, cette proposition semblait juste. Il alla à Washington en décembre pour rencontrer le président Theodore Roosevelt. À cette occasion, ils s'entendirent pour régler la question selon la suggestion de la Grande-Bretagne.

Laurier était de bonne foi, contrairement aux deux autres parties. Roosevelt n'avait aucunement l'intention de céder devant le Canada, et souhaitant se gagner les faveurs des États-Unis, la Grande-Bretagne était prête à sacrifier les intérêts du Canada.

En conséquence, le tribunal penchait en faveur des États-Unis. Les trois hommes désignés par Roosevelt s'étaient déjà déclarés contre le Canada. De l'autre côté, on retrouvait deux Canadiens nommés par Laurier ainsi que lord Alverstone, le plus haut juge de la Grande-Bretagne. Au moment de voter, Alverstone se rangea du côté des États-Uniens.

Cette décision provoqua la colère de nombreux Canadiens. De toute évidence, la mère patrie ne prenait

pas toujours soin de ses enfants. Laurier fut profondément déçu par le geste des Britanniques. «Tant et aussi
longtemps que le Canada dépendra de la Couronne britannique, les pouvoirs que nous détenons actuellement
ne suffiront pas pour faire respecter nos droits», déclara-
t-il. Le Canada devait donc prendre ses décisions tout
seul. Désormais, seuls les impérialistes les plus farouchement militants refuseraient de voir le Canada chercher à
obtenir son indépendance de la Grande-Bretagne.

Mais ce n'était pas encore fait. La majorité des
Canadiens était beaucoup plus intéressée par l'économie
florissante que par des rêves d'indépendance. Lorsque
Laurier avait accédé au pouvoir en 1896, le Canada
commençait tout juste à émerger de la misère qui avait
duré presque une génération — années récurrentes de
dépression suivies de périodes de croissance économique
douloureusement lente. Incapables de trouver du travail
chez eux, de nombreux Canadiens avaient pris le chemin
des États-Unis. La plupart n'étaient jamais revenus, sauf
pour visiter leurs parents ou amis.

Mais au milieu des années 1890, on avait commencé à exploiter les riches ressources naturelles du
Canada — métaux, minerais et bois. La production de
blé était en hausse et la demande étrangère de céréales
allait en augmentant. Il en résulta une expansion
économique qui allait se poursuivre pendant plusieurs
années.

S'il n'était pas responsable de cette expansion,
Laurier était cependant résolu à la maintenir. Il vit la
possibilité de réaliser le rêve qui avait inspiré les
fondateurs du Canada, les gens de l'Ouest, de faire des
Prairies la corbeille de pain du pays. Clifford Sifton,

son ministre de l'Intérieur, entreprit une ambitieuse campagne visant à attirer les immigrants. Il fit distribuer des brochures aux États-Unis, au Royaume-Uni et dans plusieurs pays européens, encourageant les gens à venir dans l'Ouest. Tous les chefs de famille recevraient soixante-cinq hectares de terre. S'ils la cultivaient pendant trois ans, cette terre leur appartiendrait.

La campagne de Sifton fut couronnée de succès. Le filet d'immigrants se transforma en rivière. La population du Canada passa d'un peu plus de cinq millions à sept millions pendant la première décennie du XXe siècle, soit une augmentation de trente-cinq pour cent. En 1911, il arrivait au Canada en moyenne mille cent immigrants par jour. La majorité venait d'Europe, par bateau.

La croissance soudaine de la population exerça beaucoup de pression sur le Canadien Pacifique (CPR), seul chemin de fer pouvant transporter les gens et les marchandises à travers le pays. Plusieurs groupes financiers offrirent bientôt de construire une autre voie ferrée.

Laurier avait hâte de voir la réalisation de ce projet. Il croyait que l'économie en pleine expansion avait besoin d'un nouveau chemin de fer et que cela créerait de nombreux nouveaux emplois. Il savait aussi que, dans l'Ouest, la plupart des gens étaient mécontents de voir le CPR exercer un monopole au Canada. Un nouveau chemin de fer réglerait ces problèmes et pourrait apporter des votes au Parti libéral. Aucune compagnie n'avait cependant l'argent nécessaire pour construire une voie ferrée de l'Atlantique au Pacifique. Dans la ferveur du boom économique, Laurier se montra moins prudent que d'habitude. Il décida de faire participer son gouvernement à la construction du nouveau chemin de fer.

Les gens, dont Andrew Blair, son ministre des Chemins de fer, n'approuvaient pas tous ce projet. Constatant qu'il ne pouvait faire revenir Laurier sur sa décision, Blair préféra démissionner. Mais l'opposition croissante sembla accroître la détermination de Laurier, et il s'obstina. Exagérément optimiste, il présenta le projet de loi du chemin de fer à la Chambre des communes en juillet 1903. «À ceux qui essaient de nous imposer la politique de demain, demain, demain, à ceux qui nous disent d'attendre, d'attendre, d'attendre, à ceux qui nous conseillent de faire une pause, de considérer, de réfléchir, de calculer et d'enquêter : notre réponse est non ! Ce n'est pas le moment de délibérer, c'est le moment d'agir... Nous ne pouvons attendre, parce que le temps n'attend pas.»

Après un débat long et émotif, le projet de loi de Laurier fut adopté par la Chambre des communes. Il avait gagné. La construction d'un deuxième chemin de fer transcontinental allait bientôt commencer. Peu de temps après, une autre compagnie trouva l'argent nécessaire pour entreprendre la construction de sa propre voie ferrée. Le Canada aurait donc trois chemins de fer transcontinentaux. Comme l'avenir le prouverait, c'était trop, et sans l'entêtement de Laurier, cette erreur aurait pu être évitée. Mais il croyait passionnément en ce pays et en son avenir. Comme il ne cessait de le répéter à ses auditoires : «Le XIXe siècle a été celui des États-Unis ; le XXe sera le siècle du Canada.»

9

Le déclin

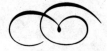

Laurier avait l'impression que la majorité des Canadiens partageait son optimisme quant à l'avenir du pays et qu'ils approuvaient la façon dont il établissait les fondations de cet avenir. Il avait aussi sûrement conscience de son prestige personnel au sein de la population. Pour la plupart de ses compatriotes, libéraux ou conservateurs, anglophones ou francophones, sir Wilfrid Laurier incarnait l'homme digne de confiance. Ses manières raffinées et son éloquence avaient conféré de la dignité à la fonction de premier ministre, et il avait efficacement dirigé le pays. En 1904, il décida de mettre sa réputation à l'épreuve en déclenchant des élections. C'était la troisième fois depuis qu'il était premier ministre, et les électeurs lui

Sir Wilfrid et lady Laurier se rendant à un déjeuner parlementaire dans le cadre de la conférence coloniale tenue à Londres en 1907. Par la suite, les ennuis de santé de Zoé ne lui permirent plus d'accompagner son mari à l'étranger.

accordèrent la plus importante majorité dont il eût jamais joui. Après huit années au pouvoir, son propre avenir à son poste paraissait aussi rose que celui du pays.

Mais plusieurs personnes n'éprouvaient pas ces sentiments à l'égard d'autres membres du gouvernement. Le genre de pourriture qui s'installe parfois quand un parti politique est longtemps au pouvoir commençait à apparaître. L'opposition conservatrice proclama que certains membres du cabinet de Laurier étaient corrompus. Même s'il n'y avait aucune preuve, plusieurs avaient fortement l'impression que, tout en favorisant le développement de l'Ouest canadien, le ministre de l'Intérieur Clifford Sifton remplissait sans broncher ses poches aux dépens des contribuables. Deux autres ministres, moins chanceux que Sifton, durent quitter le cabinet, un pour pratiques électorales corrompues et l'autre pour alcoolisme.

De toute évidence, le cabinet de Laurier n'était plus exclusivement composé des plus intègres parlementaires canadiens. Et la corruption n'était pas le seul problème. Laurier avait congédié un de ses ministres et accepté la démission de son ministre des Chemins de fer, Andrew Blair. Tous deux étaient partis parce qu'ils ne pouvaient s'entendre avec lui. Laurier était autoritaire et il refusait parfois de renoncer à son point de vue. À présent, ses critiques affirmaient que les seules personnes qu'il nommait dans son cabinet étaient celles qu'il pouvait contrôler.

Mais la plus grande menace que Laurier et le pays allaient devoir affronter vint d'un de ses anciens amis, Henri Bourassa. Reconnaissant le talent de Bourassa,

Laurier lui avait confié différentes responsabilités parlementaires, mais leur personnalité, leur tempérament et leurs valeurs différentes les avaient séparés.

En politique aussi, ils étaient différents. Laurier avait passé la presque totalité de sa carrière politique à combattre l'Église catholique. Bourassa était au contraire un fervent croyant; ultramontain, il acceptait la doctrine de l'Église et il était convaincu que celle-ci devait jouer un rôle politique.

Sa pensée était aussi profondément influencée par son héritage politique. Petit-fils d'un héros canadien, Louis-Joseph Papineau, Bourassa avait été élevé dans un foyer enraciné dans l'histoire de ses ancêtres. Croyant ardemment en la *survivance**, la protection de la société canadienne, il reconnaissait que la langue française et l'Église catholique étaient les piliers de cette société. Il en devint le gardien militant.

La question des relations entre le Canada et la Grande-Bretagne était pour lui un autre sujet de préoccupation. Il rejetait avec ferveur l'idée que le Canada pût être un jour impliqué dans une guerre britannique, ce qui l'avait conduit à affronter Laurier pendant la guerre des Boers et à quitter le Parti libéral. À ses yeux, en tentant d'arriver à un compromis, Laurier faisait preuve de faiblesse, peut-être même de malhonnêteté. Il l'exprima dans une blague un peu cruelle. «Quand monsieur Laurier se présentera devant saint Pierre, aimait-il raconter à ses auditeurs, je suis convaincu qu'il se mettra aussitôt à l'œuvre pour essayer d'arranger un compromis entre Dieu et le diable.»

En 1905, Laurier ignorait toutefois à quel point les idées de Bourassa inspiraient les jeunes francophones. Pour un grand nombre d'entre eux, rien n'était plus important que la *survivance**. Il en découla le *nationalisme**, à l'origine de l'idée que le Québec devrait se séparer du Canada. Les jeunes *nationalistes** se joindraient à Bourassa lorsqu'il déploierait ses efforts pour s'opposer à Laurier.

Bourassa eut sa chance au moment de la formation des huitième et neuvième provinces canadiennes, la Saskatchewan et l'Alberta. La population des Territoires du Nord-Ouest avait, grâce à l'immigration massive, connu une croissance spectaculaire. Pendant la campagne électorale de 1904, Laurier avait promis de former deux provinces au Nord-Ouest. L'année suivante, il mit au point les détails de la création de ces provinces dans les projets de loi sur l'autonomie.

Dans ces projets de loi, tout était comme d'habitude, sauf pour une question : le genre de système scolaire qui serait établi dans chacune des provinces. Pour Laurier, la minorité catholique devait avoir des écoles séparées, et il lui accorda ce droit à l'article 16 du document. Il ajouta aussi que, en vertu du paragraphe 93 de la Constitution, le gouvernement fédéral garantirait ce droit à la minorité.

Si Laurier s'attendait à recevoir l'appui de Bourassa en ce qui concernait l'article 16, il n'était pas préparé à la réaction explosive de Sifton. En apprenant les intentions du premier ministre, Sifton lui expédia un télégramme : «Ne faites rien avant mon arrivée. Serai là demain après-midi.» Puis, coupant court à ses vacances aux États-Unis, il se hâta de prendre le train pour Ottawa.

Le lendemain matin, Laurier attendit Sifton dans son bureau au Parlement. À peine entré, Sifton se lança dans une critique véhémente de l'article 16. « Je n'accepterai jamais qu'on impose un système d'écoles séparées aux gens de la Saskatchewan et de l'Alberta, annonça-t-il à Laurier d'une voix vibrante de colère. Le gouvernement fédéral n'a aucun droit d'interférer dans l'éducation. Au nom du ciel, comment pouvez-vous justifier de prendre des décisions dans un domaine qui appartient sans contredit aux provinces ? »

Laurier voulut répliquer, mais Sifton poursuivit sur sa lancée. « Seuls les parents des élèves ont le droit de décider du genre d'école qu'ils veulent ! Ils le feront quand ils éliront leurs nouveaux gouvernements en Saskatchewan et en Alberta.

« Vous savez aussi bien que moi que les catholiques sont peu nombreux dans les nouvelles provinces, poursuivit-il d'un ton tranchant. Il ne fait donc aucun doute que les gens vont choisir un système scolaire public. »

Surpris par la fureur de Sifton, Laurier refusa pourtant de reculer. « Je suis entièrement de votre avis quand vous dites que les catholiques sont minoritaires dans les nouvelles provinces. C'est la raison pour laquelle je crois si fortement que le gouvernement fédéral doit leur tendre la main et leur procurer les écoles qu'ils souhaitent avoir. »

Sifton fronça les sourcils et Laurier se hâta de poursuivre. « Comment pouvez-vous vous opposer à mon projet ? Je veux établir la même situation que celle qui a été définie par la Confédération : on a permis aux catholiques en Ontario et aux protestants au Québec d'avoir des écoles séparées. Dans ce cas, pourquoi est-ce que ce serait différent en Saskatchewan et en Alberta ? »

La discussion se prolongea, houleuse. À la fin, Sifton se leva et partit.

Laurier se retrouvait face au même dilemme qui l'avait hanté pendant toute la controverse des écoles du Manitoba. Il savait qu'il devait choisir entre les deux convictions les plus chères à son cœur : l'autonomie provinciale et la justice pour les minorités. Cette fois, il avait pris le parti de la minorité. Le gouvernement fédéral déciderait du genre de système d'éducation qui serait établi dans les nouvelles provinces.

Sa décision était également motivée par une raison politique. Elle lui apporterait un appui au Québec. Sans le support des électeurs québécois, il savait qu'il ne pourrait se maintenir au pouvoir. Par ses compromis dans l'affaire du système scolaire manitobain et dans celle de la guerre des Boers, il s'était incliné devant les souhaits des électeurs à l'extérieur du Québec. Il avait maintenant la possibilité d'égaliser le pointage.

Pour commencer, il devait convaincre Sifton. Il déploya beaucoup d'efforts pour y parvenir. Quelques jours plus tard, Sifton compris que Laurier ne reviendrait pas sur sa décision et il démissionna. Entretemps, d'autres membres du cabinet s'opposèrent à leur tour à la politique de Laurier. À la fin, craignant une division plus grave au sein du parti, Laurier fit volte-face et révisa l'article 16. Les catholiques des nouvelles provinces n'auraient droit qu'à une demi-heure d'enseignement religieux à la fin de la journée scolaire.

Cette volte-face donna à Bourassa sa chance. Il informa les francophones que Laurier cédait une fois de plus aux pressions des anglophones. Si le premier ministre n'avait pas su résister aux tentatives de priver les catholiques de leurs droits dans les nouvelles provinces, que ferait-il quand leurs droits seraient menacés au Québec? Maintenant plus que jamais, insistat-il, la *survivance** était en danger.

Les *nationalistes** québécois étaient également en train de perdre le respect qu'ils éprouvaient envers Laurier et le Canada. «Chaque fois que je retourne dans ma province, je découvre avec regret un sentiment qui va croissant, celui que le Canada n'est pas le Canada de tous les Canadiens. Nous sommes donc forcés de conclure que le Québec est notre seul pays parce que c'est là seulement que nous sommes libres», déclara Bourassa à la Chambre des communes. Les nationalistes partageaient son avis.

Laurier entendit la grogne venue du Québec. «Notre ami Bourassa a entrepris au Québec une campagne qui pourrait nous être néfaste», écrivit-il dans une lettre. Mais il ne percevait pas encore l'ampleur du danger.

En Ontario aussi, on s'opposait à sa politique. Ceux qui adhéraient au dogme d'«une langue, une nationalité, une religion» ne pardonnaient pas à Laurier d'avoir tenté d'augmenter le nombre d'écoles séparées au Canada. Certaines personnes qui avaient voté pour les libéraux par le passé affirmèrent qu'ils ne le feraient plus.

Il avait également perdu Sifton, un homme qu'il valait mieux avoir comme ami que comme ennemi. Même quand le premier ministre eut remodelé l'article 16, Sifton refusa de réintégrer le cabinet. Il demeura dans le parti et, pendant quelque temps, il appuya Laurier. Mais lorsque viendrait un moment critique, il lui tournerait le dos et s'emploierait à le détruire.

Tout compte fait, le compromis de 1905 coûta très cher à Laurier.

Deux ans plus tard, Laurier fit une dernière offre pour contenir Bourassa et le ramener au Parti libéral. Il lui proposa même un poste dans son cabinet, mais Bourassa refusa. Il démissionna plutôt de son siège à la Chambre des communes et annonça qu'il se tournerait désormais vers la politique québécoise. Exaspéré, Laurier lui dit en plaisantant : «Nous regrettons votre départ. Nous avons besoin d'un homme de votre trempe à Ottawa, mais je ne voudrais pas qu'il y en ait deux.»

L'année suivante, Bourassa fut élu à l'Assemblée nationale du Québec. Mais il ne changea pas d'objectif. Plus que jamais, la cible qu'il visait était Laurier.

∞

En 1907, Laurier et Zoé firent leur troisième voyage transatlantique jusqu'en Grande-Bretagne afin de participer à une nouvelle conférence coloniale. Pour Zoé, ce serait la dernière fois. Elle avait commencé à se cogner aux meubles et parlait souvent à tue-tête. Aux dîners auxquels ils étaient conviés, Laurier s'asseyait désormais à côté d'elle et lui pressait légèrement la main quand elle haussait le ton. Les médecins avaient informé Laurier que, dans quelques années, Zoé serait sourde et aveugle. Laurier avait craint de lui annoncer la nouvelle. Mais elle avait réagi avec courage. «On vieillit, avait-elle simplement répondu, mais la vie continue.»

À la conférence, Laurier prit encore une fois la défense des intérêts du Canada. La ligne de pensée des Britanniques n'avait pas changé. Ils faisaient les mêmes demandes auxquelles Laurier répondait invariablement «non». À sa suggestion, les Britanniques acceptèrent même d'appeler les futures conférences «impériales» plutôt que «coloniales». «Impériales» sous-entendait des réunions d'égaux, tandis que «coloniales» évoquait le passé, quand la métropole prenait toutes les décisions.

En 1908, Laurier indiqua sans ambiguïté qu'il voulait plus que des changements de mots dans les relations entre le Canada et la Grande-Bretagne. «Bientôt, notre Parlement canadien revendiquera des droits égaux à ceux du Parlement britannique et nous ne serons plus liés que par une couronne et un drapeau communs», déclara-t-il dans un discours. Il veilla à ne pas préciser quand viendrait ce jour et il était sûr qu'il n'occuperait alors plus le poste de premier ministre.

La même année, il considéra le moment venu de mettre de nouveau son prestige à l'épreuve auprès du public canadien. Le 5 septembre 1908, il prit la parole à Sorel, au Québec, à l'occasion de l'ouverture de la campagne électorale fédérale. «Il ne me reste plus beaucoup d'années, dit-il. Les neiges de l'hiver ont remplacé le printemps, ajouta-t-il en faisant allusion à ses cheveux blancs. Mais malgré les outrages du temps, mon cœur est resté jeune.»

Son cœur était en effet toujours plus jeune quand il faisait campagne. Depuis ses années à L'Assomption, il aimait se battre avec les mots. Il ne se lassait jamais de se lancer contre un adversaire à la Chambre des communes ou pendant une campagne électorale. Il aimait gagner. Au fil de la campagne, cette ferveur politique s'empara de lui. Il demandait aux électeurs de lui accorder un quatrième mandat consécutif. Pourquoi le feraient-ils ? Il leur donna une fière réponse.

« Nous sommes au pouvoir depuis douze ans, une période qui a marqué l'histoire du Canada. Au cours de ces années, le Canada s'est haussé de l'humble position de colonie à celui de nation. En 1896, le Canada était à peine connu aux États-Unis et en Europe. En 1908, il est devenu une étoile attirant le regard du monde civilisé. C'est ce que nous avons accompli. »

L'argument fonctionna. Après le comptage des votes, les électeurs avaient encore une fois donné le pouvoir aux libéraux, bien qu'avec un nombre réduit de sièges. Le slogan de la campagne libérale avait été : « Laissons Laurier finir son travail ». Il aurait la possibilité d'essayer.

∽

Laurier avait beau aimer faire campagne, le coût était maintenant beaucoup plus lourd à payer. Il avait presque soixante-huit ans et n'était plus capable de se conformer au programme rigoureux qu'il trouvait naguère facile. La campagne l'avait épuisé, et les médecins lui ordonnèrent de s'aliter.

Comme souvent par le passé, l'obligation de garder la chambre le déprima. Les résultats de l'élection l'avaient déçu, car sa victoire avait été moins éclatante qu'il ne l'avait espéré. Avait-il perdu la touche ? Était-il responsable de la baisse de popularité de son parti ? Le moment était-il venu de renoncer à tout ? Et il devait penser à sa pauvre Zoé, à présent percluse de rhumatismes, de plus en plus sourde et aveugle. Elle serait si heureuse de retourner vivre à Arthabaska...

C'était toujours par le travail qu'il triomphait de ses doutes, mais quand il retourna à son bureau au début de novembre, il fut incapable de surmonter sa dépression. Il prit finalement sa décision. Il était temps de tirer sa révérence. Il rédigea une courte lettre de démission adressée au Gouverneur général, lord Grey, le pressant de désigner William Fielding, son ministre des Finances, pour le remplacer. Puis, il envoya un secrétaire chercher Fielding.

Quand ce dernier se présenta, Laurier lui tendit la lettre et se pencha en avant, attendant sa réaction. Fielding fut horrifié. « Vous ne pouvez pas, vous ne devez pas partir ! s'exclama-t-il.

— Pourtant, mon cher Fielding...

— Non, monsieur, il faut m'écouter ! »

Fielding lui exposa toutes les raisons pour lesquelles il ne devait pas démissionner. Le Parti libéral et le pays seraient tous deux perdants s'il décidait de quitter à présent la politique.

Laurier écoutait, un léger sourire aux lèvres. « C'est tout ? demanda-t-il quand Fielding s'arrêta pour reprendre son souffle.

— Non, pas tout à fait, répliqua Fielding. La raison primordiale est que ce n'est tout simplement pas le moment de partir. Vous dirigez le parti depuis vingt

et un ans et vous avez remporté quatre élections
consécutives. Vous déplorez que le parti ait perdu des
sièges aux dernières élections, mais avez-vous une idée
du nombre qui nous aurait échappé si vous n'aviez pas
été à la barre ? Je vous suis reconnaissant de vouloir
que je prenne la relève à votre départ, mais ce n'est pas
le moment. Vous ne voulez pas attendre encore un
peu ? »

L'inquiétude de Fielding toucha Laurier. Peut-
être son vieil ami avait-il raison. Partir maintenant, si
brusquement, nuirait au pays et au parti.

Il esquissa un nouveau sourire, se pencha et reprit
la lettre des mains de Fielding. « Ce n'est pas la
première fois que votre éloquence parvient à me
dissuader de donner ma démission, dit-il, mais je vous
promets que ce sera la dernière. Très bien, j'accepte de
rester, mais pour deux ans seulement, croyez-moi sur
parole. Ensuite, je me retirerai. Vous disposez donc de
deux ans avant la prochaine élection pour vous faire
connaître des électeurs. »

Soulagé, Fielding sortit du bureau, et Laurier
sentit l'angoisse le quitter tandis qu'il déchirait la
lettre. Deux ans, se dit-il, ce n'était pas si long. Lui et
Zoé pouvaient bien attendre encore deux ans. Ensuite,
ils profiteraient d'une retraite heureuse et paisible à
Arthabaska. Zoé ne pourrait plus jardiner, mais elle
serait encore capable de jouer du piano. Et il pourrait
enfin écrire cette histoire du Canada, un projet qu'il
remettait depuis si longtemps à plus tard.

À l'occasion de la tournée fructueuse qu'il fit dans l'Ouest canadien, Laurier semblait calme et sûr de lui. « Je rentre avec l'impression d'être dix fois plus canadien. Je me suis imprégné de l'air, de l'esprit et de l'enthousiasme de l'Ouest », déclara-t-il à l'issue de ce voyage.

10

Les premiers signes de la défaite

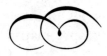

Un mot allait bientôt mettre fin aux rêves de retraite de Laurier. Ce mot était «cuirassé». En 1909, la jeune Allemagne en plein essor s'était mise à fabriquer de supernavires de guerre appelés «cuirassés». Pour les Britanniques, ceci représentait un défi éhonté à la suprématie de leur marine. Ils réclamèrent alors davantage de cuirassés. Au Canada, le débat reprit : le pays devait-il fournir un appui militaire à la mère patrie ? Sauf au Québec et dans les régions rurales d'autres provinces, la plupart des Canadiens étaient en faveur de cet appui. Faisant écho au sentiment populaire, l'opposition conservatrice à la Chambre des communes demanda que les Canada assume la responsabilité de protéger son propre littoral. Entre-temps, si le danger venait à s'accroître pour la Grande-Bretagne, le Canada devrait aussitôt envoyer de l'argent pour contribuer à la construction de cuirassés.

En réagissant à la demande des conservateurs, Laurier gardait évidemment un œil sur les impérialistes et l'autre sur les *nationalistes**. «Si la suprématie de la Grande-Bretagne sur les océans était un jour menacée, toutes les nations qui sont ses filles auraient le devoir de se rassembler autour de leur vieille mère patrie et de lui faire un rempart pour prévenir une attaque», affirma-t-il à la Chambre. À la conférence coloniale de 1902, il avait informé les Britanniques que le Canada souhaitait créer sa propre marine. Le moment était venu de passer aux actes. Pour le Canada, la meilleure façon d'aider la Grande-Bretagne était de se protéger lui-même.

Huit mois plus tard, en janvier 1910, Laurier présenta le projet de loi sur le Service naval à la Chambre des communes. On commencerait par la construction de cinq croiseurs et de six destroyers. Ces navires garderaient le long littoral canadien, une responsabilité qui incombait auparavant aux Britanniques. En cas d'urgence, le cabinet pourrait envoyer la flotte canadienne au secours de la Marine royale ; la Chambre des communes disposerait de quinze jours pour donner son approbation. Enfin, dans le but d'éviter les critiques québécoises, le projet de loi stipulait que tous les marins devaient être des volontaires. Il n'y aurait pas de conscription navale.

Tant les impérialistes que les *nationalistes** se jetèrent à l'assaut du projet de loi, un autre compromis élaboré par le premier ministre. À l'extérieur du Québec, des critiques en colère ridiculisèrent la marine « en fer-blanc » de Laurier. Faisant chorus, Robert Borden, chef de l'opposition conservatrice, réclama que le gouvernement envoie de l'argent à la Grande-Bretagne pour permettre à la Marine royale de construire plus de cuirassés.

Au Québec, on s'opposa farouchement. Dans une alliance impie, les conservateurs francophones dirigés par Frederick Monk unirent leurs forces à celles de Bourassa et de ses *nationalistes*° pour combattre le projet de loi. Ils étaient contre la création d'une marine et contre une contribution monétaire à la Grande-Bretagne.

Selon Bourassa, une marine canadienne deviendrait un instrument entre les mains des Britanniques. Chaque fois qu'ils iraient en guerre, ils feraient appel au Canada comme ils l'avaient fait pour la guerre des Boers. La Chambre des communes étant contrôlée par une majorité anglophone, elle répondrait à l'appel de la Grande-Bretagne et les marins canadiens iraient trouver la mort dans des lieux lointains.

L'anéantissement du projet de loi sur le Service naval et, par le fait même, celui de Laurier, devint l'obsession de Bourassa. Pour parvenir à ses fins, il utilisa une arme puissante, le journal *Le Devoir*, dont il était le propriétaire et le rédacteur en chef et qui existait depuis le 10 janvier 1910. Le rôle du journal, annonça-t-il à ses lecteurs, était de les encourager à faire leurs devoirs religieux, national et civique.

Bourassa se croyait personnellement investi d'une mission : montrer Laurier comme un traître à son

propre peuple. Le deuxième numéro du *Devoir* parut
le 11 janvier 1910, la veille du jour où Laurier présenta
le projet de loi sur le Service naval à la Chambre des
communes. Dans ce numéro, Bourassa rappela à ses
lecteurs que Laurier était doublement coupable. Non
seulement avait-il envoyé des Canadiens en Afrique du
Sud combattre dans une guerre où le Canada n'avait
aucun intérêt, mais il avait aussi refusé de défendre les
droits des catholiques en Saskatchewan et en Alberta.

Le Devoir connut un succès instantané, particulièrement auprès des professeurs catholiques, des
prêtres et des *nationalistes** de plus en plus nombreux.
La popularité de Bourassa augmentait en même temps
que le tirage de son journal. Orateur d'une grande
éloquence, il poursuivit sa croisade dans une succession de rassemblements publics. Partout où il allait,
il attirait une foule exaltée. À son public avide, il
répétait toujours le même message : Laurier enverrait
leurs fils mourir dans quelque guerre future livrée par
la Grande-Bretagne pour s'emparer de terres et remplir ses coffres. On n'éviterait cette tragédie qu'en se
débarrassant de lui. Il dénonça Laurier devant un
auditoire enflammé :

« Je dis que, quelles que soient ses qualités
personnelles, lorsque un homme bafoue la confiance et
l'amour de son propre peuple, lorsqu'il le trahit, il est
plus dangereux pour sa religion, son pays et même
pour la Couronne britannique que le pire des orangistes. »

En mars, un jour après que la majorité libérale à
la Chambre des communes eut adopté le projet de loi
sur le Service naval, Bourassa confia à un ami que

Laurier avait commencé à creuser sa propre tombe. Quelques mois plus tard, quand Laurier déclencha une élection partielle dans son ancien comté de Drummond-Arthabaska, Bourassa vit là une occasion idéale pour le discréditer. Avec Monk et un groupe important de jeunes bénévoles *nationalistes**, il envahit la circonscription pour travailler contre le candidat de Laurier. Concentrant leurs énergies sur la question de la marine canadienne, les partisans de Bourassa propagèrent un message de peur. Ils répandirent même la rumeur que des hommes en uniforme faisaient la tournée des fermes pour dresser la liste de tous les jeunes hommes en âge de combattre.

La stratégie fonctionna. Au comptage des votes le 3 novembre, les libéraux avaient perdu. Triomphant, Bourassa s'adressa en ces termes à un auditoire massé dans la rue en face des bureaux du *Devoir*: «À vous, Canadiens français, je dis que nous avons fait aujourd'hui du bon travail. Nous avons montré à sir Wilfrid Laurier qu'il n'est pas omnipotent et qu'il ne peut obliger le Canada à supporter une marine sans avoir d'abord consulté le peuple.»

Pour Laurier, perdre Drummond-Arthabaska représenta un échec de taille. Il avait débuté sa carrière politique en se faisant élire dans cette circonscription en 1874. Lui et Zoé avait vécu là près de trente ans, et ils y passaient encore leurs vacances d'été. Il connaissait de longue date de nombreux électeurs. Et voilà que ces gens s'étaient prononcés contre son candidat.

Le choc le frappa au moment où il venait de recommencer à croire en son étoile. L'été précédent, il

avait fait une tournée fructueuse dans l'Ouest canadien : des foules considérables, des milliers de poignées
de mains, des éloges tant pour lui que pour son parti et
les politiques qui avaient rendu possible la spectaculaire expansion de l'Ouest. En septembre, à la fin du
voyage, il avait dit : « Je rentre avec l'impression d'être
dix fois plus canadien. Je me suis imprégné de l'air, de
l'esprit et de l'enthousiasme de l'Ouest. »

Il n'y avait pas eu que des éloges, bien sûr. Laurier
avait participé à de sérieuses discussions politiques. Il
avait appris que tout en appréciant la prospérité
découlant de l'expansion de l'industrie céréalière, les
gens de l'Ouest avaient encore des plaintes à formuler.

Ils étaient particulièrement irrités par le tarif
douanier. À cause de ce tarif, tout ce qu'ils achetaient
de l'Est leur coûtait plus cher. De plus, le tarif canadien les empêchait de se procurer à meilleur prix les
biens en provenance des États-Unis, et le tarif états-
unien les empêchait d'y vendre les produits de leurs
fermes. Partout où il allait, Laurier entendait le même
grief : le tarif était trop élevé. Les gens le pressaient de
le réduire et de rendre le commerce plus libre avec les
États-Unis.

Laurier donna sans cesse la même réponse. À
moins que les États-Unis ne signent un accord de libre-
échange, rien ne serait modifié. Jamais, depuis qu'il
occupait le poste de premier ministre, leurs voisins du
sud n'avaient montré la moindre velléité d'abaisser le
tarif douanier. Jusqu'à ce jour improbable, le libre-
échange resterait un rêve agréable. Pourtant, peu de
temps après son retour de l'Ouest, une requête inattendue lui parvint de Washington. Les Canadiens

accepteraient-ils de discuter de la question du commerce? Le lendemain de la défaite de Drummond-Arthabaska, une délégation états-unienne arriva à Ottawa pour entreprendre les pourparlers. En peu de temps, il devint manifeste que les États-Uniens avaient complètement changé leur façon de concevoir le commerce avec le Canada. Ils étaient à présent disposés non seulement à réduire le tarif, mais à le réduire à grande échelle. Pour Laurier comme pour Fielding, qui s'était rendu à Washington en janvier afin de poursuivre les discussions, c'était là une chance inespérée.

Le 26 janvier 1911, Fielding se leva à la Chambre des communes pour présenter son rapport sur les pourparlers de Washington. Habituellement impassible, il était ce jour-là d'une humeur exubérante. Un incroyable changement de politique en était la raison. Non seulement les tarifs douaniers avaient-ils été réduits, mais on les avait bel et bien éliminés sur une grande quantité de marchandises : les fruits, les légumes, le poisson, les produits laitiers, le bétail, les céréales, le bois et les minéraux. Les États-Uniens avaient également accepté de réduire les tarifs sur de nombreux produits manufacturés canadiens, tout en demandant à leurs contreparties de faire de même sur une poignée seulement de leurs propres produits.

Cette politique d'échanges commerciaux plus libres fut appelée « réciprocité ».

Cet accord représentait un succès libéral. Les conservateurs se devaient donc de s'y opposer, mais Borden était atterré. À quoi pouvait-il s'opposer? Au cours des quelques jours qui suivirent, la presse, y compris quelques journaux conservateurs, admit que l'accord de réciprocité engendrait pour le Canada une position gagnante.

Pour Laurier, cette réussite fut le meilleur remède apte à guérir la blessure causée par la perte de Drummond-Arthabaska. Une fois de plus, son attitude conciliante semblait l'avoir payé de retour. Mais la lune de miel des libéraux fut de courte durée. Cet accord était trop beau pour être vrai, prétendaient les uns. On s'engageait sur une pente savonneuse, disaient les autres. En un rien de temps, disaient-ils tous, les États-Uniens allaient changer leur fusil d'épaule et exiger qu'on réduise le tarif sur tous les biens qu'ils vendraient au Canada, y compris les produits manufacturés. Leurs produits inonderaient le pays parce que les coûts de production étaient moins élevés dans les usines états-uniennes que dans les canadiennes. Les Canadiens achèteraient ces biens meilleur marché, les manufactures canadiennes fermeraient leurs portes, et tant les employeurs que les employés se retrouveraient à la rue. Pour finir, le Canada serait avalé par les États-Unis.

En l'espace de quelques semaines, les opposants à la réciprocité devinrent une force avec laquelle il fallait compter. Les gens d'affaires des plus influents — banquiers, barons du chemin de fer et manufacturiers — étaient au cœur de la controverse. Ils injectèrent beaucoup d'argent dans une campagne de publicité contre la réciprocité. Grâce à une montagne de brochures, un océan d'annonces dans les journaux et d'innombrables assemblées publiques, un grand nombre de Canadiens commencèrent à mettre en doute les avantages du libre-échange.

Le 18 février, d'éminents hommes d'affaires, tous supporteurs libéraux traditionnels, se déclarèrent contre l'accord de réciprocité. Connus sous le nom des Dix-huit de Toronto, ces gens promirent de consacrer leurs efforts à l'anéantir. Quelques jours plus tard, Clifford se leva à la Chambre pour ajouter son nom à la liste croissante d'opposants. Pour Laurier, ce fut un coup de poignard dans le dos. Il rencontra Sifton en privé pour lui rappeler qu'il avait auparavant supporté la réciprocité. Les conditions avaient changé, rétorqua Sifton. «Non, c'est vous qui avez changé, dit Laurier. Votre opposition est personnelle. De quoi s'agit-il?» Sifton lui tourna le dos et s'éloigna.

Jour après jour, à la Chambre des communes comme aux assemblées publiques, Laurier, Fielding et d'autres loyaux libéraux affrontèrent leurs opposants. Au début de mai, Laurier dut ordonner des vacances parlementaires pour aller en Angleterre assister au couronnement du roi George V. Pendant son absence, la question fut ardemment débattue dans la presse et parmi le public. Peu après son retour en juillet, Laurier conclut que la seule façon de résoudre le problème était de le soumettre au peuple du Canada. Il fixa au 21 septembre la date des élections fédérales.

Aucune autre campagne électorale ne fut menée aussi farouchement. Après des mois de débats pénibles, les deux parties avaient durci leurs positions. Les partisans de la réciprocité croyaient que celle-ci ouvrirait le marché états-unien aux produits canadiens et apporterait des profits au Canada. Selon les adversaires, ces profits iraient au sud. Ils prétendaient également que le modèle d'échange est-ouest créé par la construction de trois chemins de fer transcontinentaux serait anéanti. La réciprocité signifierait la destruction du Canada. L'économie canadienne faiblirait, se flétrirait, mourrait. Les États-Unis n'attendaient que ça.

Malheureusement, un éminent homme politique états-unien choisit ce moment pour proclamer son appui à la réciprocité. «J'espère voir le jour où notre drapeau flottera sur chaque pied carré de l'Amérique du Nord britannique, jusqu'au pôle Nord», dit-il. Cette déclaration n'aida certes pas la campagne libérale.

Laurier, qui allait fêter quelques semaines plus tard son soixante-dixième anniversaire, mit les bouchées doubles. Se précipitant d'une circonscription à l'autre par train et plus souvent dans cette nouvelle invention, l'automobile, il ne cessait de prendre la parole à des assemblées, souvent deux ou même trois fois par jour. Comme d'habitude, il était pris dans un étau. À l'extérieur du Québec, le principal problème était le libre-échange. Là, les forces conservatrices, contre la réciprocité, le décrivaient comme un homme sur le point de vendre son pays aux États-Unis.

Au Québec, Bourassa et Monk concentraient presque tous leurs efforts à s'opposer au projet de la marine canadienne. Ils montraient Laurier comme un homme prêt à vendre le peuple de sa propre province, un homme qui enverrait les fils des Québécois à la mort pour permettre aux Britanniques d'accroître leur richesse et leur puissance.

En fait, les impérialistes, qui plaçaient l'Empire au-dessus de tout, et les *nationalistes**, qui ne voulaient rien savoir de l'Empire, étaient les uns comme les autres déterminés à détruire Laurier. Les impérialistes l'accusaient de tourner le dos du Canada à l'Empire en refusant de verser de l'argent à la Marine royale et en renforçant les liens d'amitié avec les États-Unis par le biais du libre-échange. Pour leur part, les *nationalistes*° l'accusaient de sacrifier le Canada aux intérêts de l'Empire en créant une marine dont les Britanniques se serviraient aux dépens des Canadiens qui y perdraient leurs vies.

Laurier montra combien cette situation était absurde. « Au Québec, on m'accuse de trahir les Français, et en Ontario, de trahir les Anglais. Au Québec, je suis un chauvin, et en Ontario, un séparatiste. Au Québec, on m'attaque comme impérialiste, et en Ontario, comme anti-impérialiste. Je ne suis rien de tout cela. Je suis un Canadien. Le Canada a été l'inspiration de ma vie. Une politique de véritable canadianisme, de modération et de conciliation m'a servi de pilier de feu la nuit et de pilier de nuages le jour. »

Vers la fin de la campagne, il consacra ses efforts à sa propre province. De toute évidence, l'étoile de Bourassa montait. Laurier sentait souffler des vents contraires et il savait qu'il devait se battre.

Il essaya. Mais il était impossible de réparer les dommages que Bourassa lui avait causés dans sa province natale. Un incident troublant montra à quel point sa réputation avait été atteinte. Laurier se trouvait à Montréal, en chemin vers la gare pour prendre le train pour Québec. Des gens se rassemblèrent soudain dans la rue, obligeant sa voiture à ralentir. Le chauffeur lui indiqua où commençait ce rassemblement. Tout à coup, quelqu'un cria : « C'est Laurier ! » et des jeunes hommes se mirent à frapper les portes du véhicule, à donner des coups de pied dans les pneus. D'autres lancèrent des pierres. Des visages furieux se pressèrent contre le pare-brise tandis que des poings martelaient le toit et le capot. Heureusement, le chauffeur vit une ouverture et fonça en avant, brisant le cercle de partisans de Bourassa qui les entourait. Mais d'autres forcenés se ruèrent dans la rue étroite et le chauffeur fut forcé de ralentir de nouveau. La foule les suivit jusqu'à la gare en scandant « Bourassa ! Bourassa ! »

❦

Le surlendemain, Laurier attendit les résultats du vote au siège de son comité à Québec. Au début de la soirée, il comprit qu'il venait de subir le pire désastre de sa carrière politique. Il s'était attendu à perdre l'Ontario, cœur de l'impérialisme et des affaires, mais pas par une marge aussi considérable. Les libéraux ne remportèrent que quatorze sièges contre les soixante-quinze raflés par les conservateurs. Mais ce furent les résultats au Québec qui lui brisèrent le cœur. Des soixante-cinq sièges possibles, les libéraux n'en avaient remporté que trente-huit. Les vingt-sept autres étaient allés aux *nationalistes** de Bourassa et aux conservateurs de Monk. Des deux cent vingt et un comtés de l'ensemble du pays, les conservateurs en détenaient cent trente-quatre et les libéraux, quatre-vingt-sept.

Le lendemain, Laurier quitta Québec par train. À son arrivée à la gare d'Ottawa, il sentit le froid de la défaite. Par le passé, il était accueilli par une foule délirante. À présent, il n'y avait personne. Seul son chauffeur, envoyé par Zoé, attendait anxieusement de le ramener chez lui. À la maison, Zoé le serra dans ses bras, mais il n'y trouva aucun réconfort. Il se dirigea lentement vers la bibliothèque où l'attendait un repas froid que Zoé avait fait préparer pour lui. Mais il ne put manger. Il resta à broyer du noir, repensant aux événements confus des sept dernières semaines. Il finit par aller se coucher et là, dans le noir, la douleur le submergea et il laissa les larmes ruisseler silencieusement sur ses joues.

Deux semaines plus tard, le vendredi 6 octobre, il convoqua son cabinet pour une dernière réunion. L'atmosphère était morose et tout le monde avait les lèvres serrées. On ne bavarda pas de façon informelle comme on le faisait d'habitude. Quand Laurier eut présenté le dernier point à l'ordre du jour, il se leva. «Eh bien, messieurs, dit-il d'une voix assourdie, c'est tout.» Puis, il se tourna et sortit de la pièce. Un peu plus d'une heure plus tard, il remit sa lettre de démission au Gouverneur général. Il n'était plus le premier ministre du Canada.

Henri Bourassa en 1910, l'année où il a commencé à publier son journal, *Le Devoir*, dont il s'est servi pour diriger l'opinion publique contre Laurier et ses politiques.

11

Sous le feu de l'ennemi

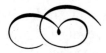

La défaite avait été amère, mais Laurier se remit étonnamment vite. Il aimait la compétition, et même si cela le faisait souffrir, c'était aussi ce qui le guérissait. «Je suis jeune en tout, sauf dans l'arithmétique des années, plaisanta-t-il bientôt devant un auditoire. Je ne me sens pas mûr pour le paradis et, quoi qu'il en soit, j'ai encore envie de me bagarrer avec les conservateurs.» Il avait hâte de retourner dans l'arène politique et, cinq jours avant son soixante-dixième anniversaire, en novembre 1911, il était de retour à la Chambre des communes pour l'ouverture de la nouvelle session du Parlement. Après quinze ans, il était de nouveau le chef de l'opposition.

Les sujets d'opposition ne manquaient pas, car le premier ministre Borden rejeta sans attendre la Loi sur le Service naval de Laurier. Plutôt que de créer une marine, il décida que le Canada ferait un don en argent à la Marine royale. Malgré les protestations vigoureuses de Laurier, la majorité conservatrice à la Chambre adopta la mesure.

Mais quand le projet de loi de Borden fut présenté au Sénat en mai 1913, la majorité libérale le rejeta. Cette revanche fut indubitablement douce, mais cette application de la loi du talion laissa le Canada sans aucune politique sur la marine. La seule force navale du pays consistait en deux vieux croiseurs donnés par la Marine royale britannique pour l'entraînement des marins canadiens.

Une autre bataille politique éclata à propos d'un règlement établi par la province de l'Ontario en 1912. Cette règle, qu'on appelait la règle 17, limitait l'enseignement du français aux deux premières années dans les écoles publiques, ce qui provoqua la fureur des parents franco-ontariens. Bourassa, le Québécois, et d'autres francophones à l'extérieur de l'Ontario étaient alarmés, se demandant si d'autres gouvernements provinciaux n'allaient pas voter des lois semblables dans l'avenir.

Un débat véhément s'amorça et la tension augmenta entre francophones et anglophones. Laurier observa et attendit, espérant contre tout espoir trouver une façon conciliante de régler le conflit. Finalement, il proposa un compromis par le biais du chef libéral de l'Ontario, mais il échoua.

Dans l'intervalle, les événements outre-mer eurent raison de ces tempêtes politiques au Canada. À l'été 1914, Laurier et le premier ministre Borden étaient tous deux en vacances quand la guerre éclata en Europe. L'Allemagne et son alliée, l'Autriche-Hongrie, attaquèrent la Russie et la France. Le 4 août, en réponse à un télégramme de Borden, Laurier prit le train pour Ottawa.

Ce soir-là, Borden et son cabinet apprirent que la Grande-Bretagne était entrée en guerre aux côtés de la Russie et de la France. Le lendemain matin, Borden annonça la nouvelle au public canadien. Il promit à la mère patrie l'appui total du Canada. Laurier n'hésita pas. «Le monde entier constatera que le Canada, un enfant de la vieille Angleterre, entend être auprès d'elle dans cet important conflit, déclara-t-il. Quand on nous appelle, nous répondons aussitôt : Prêts, nous sommes prêts!»

Le Canada sembla tout à coup plus uni que jamais. D'un océan à l'autre, les Canadiens, dont un grand nombre de francophones, appuyèrent avec exaltation la décision de s'impliquer dans le conflit. Comme l'écrivit le journal québécois *La Patrie* : «Il n'y a plus de Canadiens français et de Canadiens anglais. Il y a maintenant une seule race, unie par les liens les plus étroits dans une cause commune.» Bourassa lui-même fut d'avis qu'il était du devoir du Canada de «contribuer dans les limites de ses forces» à gagner la guerre.

La demande de volontaires désireux de s'enrôler dans les forces armées reçut une réponse incroyable. Émus par le sens du devoir et attirés par l'aventure et la gloire, des jeunes hommes se pressèrent dans les centres de recrutement établis à la hâte. En octobre,

des bateaux remplis de volontaires canadiens quittèrent le Canada pour l'Angleterre. Ils étaient les
premiers des soldats qui allaient traverser l'Atlantique
jusqu'à la fin de la guerre, quatre ans plus tard. En
juin 1916, plus de trois cent mille hommes s'étaient
enrôlés. C'était un chiffre extraordinaire pour un petit
pays comme le Canada.

Bientôt, on commença cependant à se plaindre
que peu de volontaires venaient du Québec. Certaines
raisons expliquaient ce phénomène. Sam Hughes, le
ministre de la Milice, était un fervent orangiste qui
partageait les préjugés de nombreux impérialistes
ontariens à l'encontre des francophones catholiques. Il
refusa de former des unités séparées pour les soldats
francophones et désigna même un ministre protestant
comme responsable du recrutement dans la province
de Québec. Les Québécois furent ulcérés.

En outre, de nombreux Québécois avaient
recommencé à écouter Henri Bourassa. Il avait changé
d'idée à propos du rôle du Canada et s'opposait
désormais à ce qu'il continue à participer à cette
guerre qui traînait en longueur. On paraissait n'avoir
jamais assez de soldats. Plein d'amertume, il rappela
aux Québécois l'injustice de la règle 17. «Au nom de la
religion, de la liberté et de la loyauté envers le drapeau
britannique, tonna-t-il, on incite les Canadiens français
à aller combattre les Prussiens en Europe. Laisserons-
nous les Prussiens de l'Ontario imposer leur domi-
nation comme des maîtres, sous la protection du
drapeau et des institutions britanniques?»

Puis, comme pour donner raison à Bourassa, la
province du Manitoba ferma en 1916 toutes les écoles

bilingues. Bourassa se servit de son très influent journal et de sa redoutable éloquence pour élaborer un message unique. Si la guerre était un combat contre un ennemi qui menaçait les droits des Canadiens, pourquoi des jeunes francophones devraient-ils offrir leurs vies à la Grande-Bretagne quand les anglophones canadiens privaient leurs frères francophones de leurs droits?

Le message de Bourassa atteignit son but, et l'enrôlement des francophones continua à décroître. Cette attitude provoqua la colère des patriotes canadiens partout au pays. Les gens qui appuyaient l'effort de guerre, surtout les parents de plusieurs milliers de soldats qui avaient déjà perdu la vie, étaient horrifiés par la position de Bourassa vis-à-vis de la guerre. De plus en plus, ils commencèrent à considérer les francophones comme des lâches qui refusaient d'accomplir leur devoir et restaient à l'abri chez eux.

Comme d'habitude, Laurier était pris entre deux feux, mais il continua toujours à appuyer l'engagement du Canada. Dès le départ, prenant la parole à des rassemblements à travers le Québec, il fit tout ce qu'il pouvait pour inciter les jeunes Québécois à s'enrôler.

« Certaines personnes affirment que nous ne nous battrons pas pour l'Angleterre, dit-il à une de ces assemblées. Dans ce cas, vous battrez-vous pour la France? Je suis moi-même d'origine française : si j'étais jeune comme vous, avec la santé que j'ai actuellement, je me joindrais à ces courageux Canadiens qui combattent aujourd'hui pour la libération du territoire français. Je ne permettrais pas qu'on dise que les Canadiens français font moins que les citoyens d'origine britannique pour la libération de la France. Moi, je veux me battre pour l'Angleterre et aussi pour la France. À ceux qui ne veulent se battre ni pour l'Angleterre ni pour la France, je demande : vous battrez-vous pour vous-mêmes ? »

Comme Bourassa, Laurier était farouchement opposé à la règle 17. Pour Bourassa, tant que des francophones en Ontario et au Manitoba seraient privés d'un enseignement en français, lui et les Québécois n'iraient pas à la guerre. Laurier rejetait cet argument tout en sachant que, une fois de plus, Bourassa gagnait des cœurs et des esprits au Québec pendant que le sentiment anti-québécois croissait dans le reste du Canada. La règle 17 représentait une menace à l'unité canadienne. En 1916, Laurier passa aux actes.

Il entendait montrer aux Canadiens, et aux Québécois en particulier, que lui et le Parti libéral continuaient à défendre les droits des minorités. À cette fin, il rédigea une résolution pressant le gouvernement de l'Ontario de permettre aux enfants francophones d'étudier dans leur langue. Lorsqu'il présenta sa résolution à la Chambre des communes, il précisa qu'il souhaitait voir tous les enfants francophones capables de lire et de parler l'anglais. C'était la seule façon de les outiller pour vivre dans une société à majorité anglophone.

« Je voudrais maintenant m'adresser à mes concitoyens de l'Ontario, conclut-il. Quand je demande que tous les enfants de ma race reçoivent un enseignement en anglais, nous refuserez-vous aussi le privilège d'étudier dans la langue de nos parents ? C'est la seule chose que je demande aujourd'hui ; je ne demande rien de plus. Mes chers concitoyens, sujets britanniques tout comme moi, je vous pose simplement cette question : lorsque nous disons que nous devons étudier en anglais, répondrez-vous que nous étudierons uniquement en anglais ? »

Laurier était tout à fait conscient que la majorité conservatrice voterait contre sa résolution. Mais il aurait à tout le moins montré au pays, au Québec surtout, que le Parti libéral s'opposait à une politique qui privait certains Canadiens de leurs droits.

Il se trompait. Sur cette question, le Parti libéral était loin d'être unanime. La veille du vote à la Chambre, le sénateur Dandurand vint exposer à Laurier comment les députés libéraux prévoyaient se prononcer. Tous ceux qui représentaient le Québec et les Maritimes appuieraient la résolution, tandis que ceux qui venaient de l'Ouest voteraient contre et les Ontariens s'y opposeraient. Ils ne l'appuieraient que si Laurier le leur demandait directement.

« Non, je ne le leur demanderai pas, répliqua Laurier. Après toutes ces années, ils ne devraient pas s'attendre à ça de ma part. » Puis, il détourna le regard. « J'ai vécu trop longtemps, reprit-il enfin d'une voix brisée. J'ai survécu au libéralisme. Un catholique francophone n'aurait jamais dû diriger le parti. C'était une erreur. Je l'avais dit à Blake il y a trente ans. »

Il s'interrompit, prit sa plume, gribouilla quelques lignes et tendit la feuille à Dandurand. « Je vais annoncer ma démission à la Chambre cet après-midi. Veuillez remettre ceci à George Graham. »

Quelques minutes plus tard, il entendit un brouhaha dans le corridor. On frappa à sa porte. Puis, une foule de députés libéraux se bousculèrent dans son bureau. Comme il n'y avait pas assez de place, plusieurs durent rester dans le couloir. L'un après l'autre, ils assurèrent Laurier de leur appui. Ceux qui représentaient l'Ouest refusèrent de modifier leur position mais, comme les autres, ils supplièrent Laurier de rester à la direction du parti.

Le vieux renard avait-il vraiment eu l'intention de démissionner? Par le passé, il avait plus d'une fois fait la même menace. Savait-il que ses députés ne se rangeraient derrière lui que s'il menaçait de s'en aller? Quelle qu'ait été sa motivation, le résultat fut que tout le monde se rallia. Mais le lendemain, à la Chambre des communes, les onze députés de l'Ouest et un de l'Ontario se joignirent aux conservateurs et votèrent contre la résolution. L'unité du parti avait commencé à éclater.

Au début de 1917, quatrième année de la guerre, les nouvelles du front étaient désastreuses. Il n'y avait aucune victoire et les pertes d'effectifs avaient atteint un record. Mois après mois, les listes de Canadiens tués, blessés ou manquant à l'appel étaient de plus en plus longues. Le nombre de victimes augmentant, on avait besoin de plus en plus de volontaires pour les remplacer. En mars, cinq mille hommes et femmes canadiens s'étaient enrôlés. L'année précédente, il y en avait eu vingt mille.

En février, le premier ministre Borden était déjà très inquiet. Il se rendit en Europe afin d'évaluer la situation militaire. Environ trois mois plus tard, après avoir visité les zones de guerre et consulté les dirigeants militaires et politiques, il rentra au pays

absolument convaincu qu'il n'y avait qu'un moyen de
mettre fin à la pénurie de soldats. Quatre jours après
son retour, il annonça que son gouvernement préparait
un projet de loi sur la conscription.

Pour Laurier, ce fut le début d'un cauchemar
politique. La semaine suivante, Borden lui demanda de
se joindre à un gouvernement de coalition liant les
partis conservateur et libéral. Borden en serait le premier ministre, mais le cabinet compterait un nombre
égal de libéraux et de conservateurs. Leur priorité
serait de voter une loi sur la conscription.

Laurier commença par refuser, mais il accepta de
réfléchir à l'offre de Borden et il passa deux semaines à
étudier les questions. Tout en étant pacifiste, il croyait
profondément aux causes britannique et française, et il
avait appuyé la participation du Canada dans cette
guerre. Mais le fait de forcer un homme à s'enrôler
contre sa volonté constituait une forme de violence qui
le révoltait. La philosophie libérale ayant guidé sa vie
politique était centrée sur le principe que, dans une
société juste, le gouvernement garantissait le droit de
tous les individus de faire leurs choix.

Mais ce n'était pas seulement une question de
convictions personnelles. La conscription briserait
l'unité canadienne. Le Québec était rongé par la peur
de la conscription depuis la guerre des Boers. Bourassa
y avait veillé. Reconnaissant cette peur, Laurier avait,
dans sa loi sur le Service naval sept ans auparavant,
promis que tous marins de la marine canadienne
seraient des volontaires. Dans les premières semaines
de la guerre, il avait rassuré les personnes craignant de
voir leurs fils et leurs maris obligés de prendre les

armes. « Encore une fois, je répète que le Canada est un pays libre, avait-il affirmé dans un discours prononcé à Montréal. Si certains Canadiens ont craint le monstre de la conscription par le passé, ils doivent à présent reconnaître que ce monstre était un mythe. »

Deux ans plus tard, ses paroles semblaient vides de sens. Le monstre était réel, et si on le lâchait dans la nature, il couperait le pays en deux. Malheureusement, certains Canadiens n'y attachaient pas d'importance. Ils voyaient la conscription comme une façon de punir les francophones qui avaient refusé d'accomplir leur devoir. Le grand maître de la loge orangiste jura que si les Québécois refusaient lâchement la conscription, un quart de million d'orangistes envahiraient la province et les feraient changer d'idée. Laurier, qui haïssait la violence, vit son ombre se rapprocher.

S'il appuyait la conscription, il aurait à subir une autre conséquence néfaste. Il exprima cette crainte dans une lettre : « Si je devais maintenant faiblir, hésiter ou flancher, ce serait comme si je livrais le Québec aux extrémistes. Je perdrais, avec raison, le respect des gens dont je m'occupe. Qui plus est, je ne pourrais plus me respecter moi-même. »

Les extrémistes étaient évidemment les Québécois dirigés par Bourassa. Celui-ci n'avait cessé de répéter que la participation canadienne à la guerre conduisait directement à la conscription. Ils menèrent une campagne de plus en plus intense, et Bourassa désigna Laurier comme une des personnes responsables d'envoyer de jeunes Québécois à la mort sur les champs de bataille européens. Il l'accusa d'être un faible qui avait toujours cédé aux pressions impérialistes. «Laurier est l'homme le plus malfaisant du Québec et de tout le Canada», déclara-t-il.

S'il se joignait au gouvernement de coalition proposé par Borden et accordait son appui à la conscription, Laurier savait que Bourassa et ses partisans rassembleraient les Québécois contre le reste du pays. Ils le montreraient du doigt et ils auraient raison de le faire. Après avoir passé tant d'années à tenter de convaincre les Québécois de regarder au delà de la base étroite de leur société et de s'engager envers la base plus large d'un Canada uni, il serait considéré comme un menteur et un traître s'il appuyait la conscription. Se sentant trahis, de nombreux Québécois se tourneraient vers les *nationalistes*°. La confrontation haineuse qui s'ensuivrait pourrait dégénérer en une rupture permanente.

Le 6 juin, Laurier donna sa réponse à Borden. Il ne se joindrait pas au gouvernement de coalition.

Les Laurier le jour de leur cinquantième anniversaire de mariage,
le 13 mai 1918.

12

Une défaite honorable

Cinq jours après le refus de Laurier, Borden proposa à la Chambre des communes le projet de loi sur le service militaire en vertu duquel les hommes seraient obligatoirement enrôlés. En même temps, il pressa d'autres libéraux de se joindre à sa coalition. Il devait agir vite, car son mandat achevait et il devrait bientôt déclencher de nouvelles élections.

Il entreprit d'autres mesures visant à rendre possible la victoire de son parti. Tout d'abord, le projet de loi sur le service militaire donnait le droit de vote à toutes les personnes enrôlées, quel que soit leur âge. Il présenta ensuite le projet de loi sur les élections en temps de guerre, lequel accordait, pour la première fois de l'histoire du Canada, le droit de vote aux femmes sur la scène fédérale. Toutes n'étaient pas concernées, évidemment. Seules les épouses, mères, filles et sœurs d'hommes en uniforme jouissaient de ce droit. L'idée qui sous-tendait ces projets de loi était claire. Les soldats et les parentes de soldats voteraient probablement pour un parti qui promettait d'obliger d'autres Canadiens à se battre. Ils croiraient qu'avec une armée plus nombreuse, la guerre durerait moins longtemps et que ceux qui étaient déjà outre-mer subiraient moins de pressions.

Le projet de loi sur les élections en temps de guerre comprenait une autre composante favorisant les unionistes. Les immigrants originaires de pays en guerre contre le Canada n'auraient pas le droit de voter s'ils avaient obtenu leur citoyenneté canadienne après 1902. La plupart de ces gens vivaient dans les Prairies, une région qui, par le passé, avait majoritairement appuyé le Parti libéral.

Ces projets suscitèrent peu de protestations. Ils furent promptement adoptés par la Chambre des communes malgré les efforts de Laurier et d'autres libéraux anti-conscription. À l'extérieur du Québec, à mesure qu'approchait l'automne, on appuya de plus en plus l'idée de la conscription. Le phénomène se répéta au sein du Parti libéral, car Borden avait réussi à attirer dans son parti les libéraux en faveur de la conscription.

Placés devant ce dilemme — respecter Laurier ou appuyer la conscription —, certains collègues de Laurier étaient dévastés. Quelques-uns restèrent loyaux au «Chef», comme les membres du parti le surnommaient affectueusement. Mais, à la mi-septembre, plusieurs éminents libéraux de l'extérieur du Québec le quittèrent et offrirent leur appui à Borden et à ses unionistes. Fidèle à lui-même, Laurier cacha ses émotions. Il n'eut aucune parole amère pour quiconque, même pour Sifton qui, pour la troisième fois, tournait le dos à celui qui l'avait supporté et avait favorisé son ascension au sein du parti.

Au début d'octobre, les rangs des libéraux étaient clairsemés. Borden était sur le point de déclencher des élections et Laurier savait qu'il allait devoir rassembler ses forces diminuées pour une campagne qu'il redoutait. D'autres pensaient comme lui. Le dimanche 8 octobre, alors que Laurier travaillait dans son bureau, son secrétaire frappa à la porte. «Vous avez quatre visiteurs, sir Wilfrid», annonça-t-il.

Laurier se leva pour les accueillir. Fielding, le collègue politique à qui il faisait confiance depuis plus de vingt ans, entra en compagnie de trois amis libéraux. L'air mal à l'aise, ils lui serrèrent la main avec raideur.

«Allons, messieurs, venons-en au fait», dit Laurier en souriant.

Les quatre visiteurs échangèrent des regards, puis Frank Calder prit la parole. «Sir Wilfrid, commença-t-il, tous nous reconnaissons ce que vous avez apporté au Parti libéral. Mais… nous croyons que dans les… euh… circonstances actuelles, il serait préférable que notre parti ne soit pas dirigé par un Canadien français.»

Laurier lutta pour rester impassible. «Continuez, dit-il.

— C'est pourquoi nous sommes venus vous demander de démissionner comme chef du Parti libéral.»

Laurier se tourna vers Fielding, qui baissa les yeux pour éviter de croiser son regard. Vous aussi, songea Laurier, abasourdi. « Si c'est vraiment là l'opinion de la majorité des membres du parti, dit-il enfin, je considère qu'il est de mon devoir d'obtempérer. Mais... »

Il se leva et fit un geste en direction de la porte. « Comme il m'est impossible de connaître aujourd'hui le désir de la majorité, je dois retourner à la montagne de papiers qui m'attend sur mon bureau. Je vous souhaite une bonne journée. »

La rumeur de cette rencontre se répandit parmi les médias, et la presse annonça que Laurier avait déjà démissionné. Pendant quelques jours, de nombreux libéraux, bouleversés par cette nouvelle, se précipitèrent chez Laurier pour l'assurer de leur loyauté. Leurs promesses de support le convainquirent de s'adresser à une assemblée de membres du parti. Bien que profondément blessé par la défection de Fielding, il se sentait réconforté par la fidélité des autres. Allen Aylesworth, un libéral ontarien loyal, lui avait écrit : « Là où vous irez, j'irai. » Non, décida Laurier, il ne démissionnerait pas ; il mènerait ses quelques partisans à travers cette campagne électorale, une campagne qu'il allait perdre, il le savait. Il devait s'opposer à la conscription au nom de l'unité nationale.

Le vendredi 12 octobre suivant, Borden divulgua les noms des membres de son cabinet unioniste. La moitié d'entre eux étaient des libéraux. Quelques jours plus tard, il annonça la date des élections : ce serait le 17 décembre. « À présent, écrivit Laurier à un ami, je me bats pour affronter une campagne hivernale meurtrière, même si je dois en mourir. »

Les cinquante-sept jours qui suivirent furent les plus exigeants de toute sa carrière politique. Ils furent aussi les plus exaltants. Pourtant, au début, les choses se passèrent plutôt mal. Il fut malade en octobre puis de nouveau en novembre, pendant plusieurs jours d'affilée. Sans se laisser décourager, il continua à diriger la campagne depuis sa chambre. Mais à part son courage et sa détermination à sauver l'unité du pays, il ne disposait que de faibles ressources. Peu d'organisateurs libéraux acceptèrent de s'impliquer et la plupart des hommes d'affaires ayant versé des contributions aux élections passées refusèrent désormais de le faire. Laurier se retrouvait presque seul.

La question de la conscription suscitait de fortes émotions. Pour de nombreux Canadiens, le Canada devait faire ce qu'il fallait pour secourir la Grande-Bretagne : c'était une question d'honneur. Même si, pour cela, il fallait forcer des hommes à endosser l'uniforme et à aller à la guerre. Plusieurs étaient d'avis qu'en adoptant la conscription, le pays rendait hommage aux soldats qui s'étaient déjà, de leur propre gré, enrôlés.

À l'extérieur du Québec, la presse naguère favorable tourna le dos à Laurier et à ses candidats. Des journaux traditionnellement libéraux comme les influents *Manitoba Free Press* et le *Globe* de Toronto étaient pour la conscription. Ils se joignirent à la presse conservatrice pour lancer une féroce attaque contre Laurier.

Au fil de la campagne, la situation s'envenima. Un sentiment fortement anti-québécois alimentait de toute évidence une grande partie de l'opposition aux libéraux.

De nombreux journaux publièrent des cartes du Canada sur lesquelles le Québec était ombré et décrit comme l'« endroit honteux » du pays. Ces mêmes journaux prirent également un grand plaisir à souligner que Bourassa, l'homme qui avait fait campagne contre la participation du Canada à la guerre, ne parlait plus contre Laurier. Parce qu'il s'opposait lui aussi à la conscription, Bourassa était désormais du côté de Laurier. John Willison, rédacteur en chef du *News* de Toronto, naguère ami et partisan de Laurier quand il était premier ministre, se tourna violemment contre lui. Le comité de publicité proconscription de Willison déclara que « Laurier, Bourassa et le Québec... incitent nos hommes à déserter... et traînent l'honneur du Canada dans la boue face à l'opinion mondiale ».

Laurier savait que sa base était solide et, bien que l'Ontario fût perdu, il pouvait compter sur un certain appui dans les Maritimes. La situation dans l'Ouest était toutefois moins claire. De nombreux fermiers s'étaient déclarés contre l'idée de la conscription. D'ailleurs, l'Ouest avait toujours chaleureusement accueilli Laurier. Et il avait reçu des invitations de la part des quatre provinces à l'ouest du lac Supérieur. Il avait peut-être la possibilité d'y recueillir quelques votes.

Vers la fin de la campagne, il décida de faire un voyage éclair. Avec trois collègues libéraux, il partit le 10 décembre pour l'Ouest dans un train privé mis à sa disposition par le Canadien Pacifique. Le temps était glacial dans les Prairies, frais et humide à Vancouver, mais ils furent accueillis par des foules enthousiastes. Grâce à cette réception sympathique, Laurier supporta bien l'horaire serré et les longues journées. Il était en verve et envisageait avec plaisir chacune des étapes de son voyage : Winnipeg, Regina, Calgary et, pour finir, Vancouver. Les mots lui venaient avec aisance. Il défendait l'unité du Canada.

Il rentra chez lui le 17 décembre, soir des élections. Le train arriva à Fort William à 22 h. Durant leur bref arrêt à la gare, les compagnons de Laurier se précipitèrent vers le bureau du télégraphe pour prendre les messages envoyés des quartiers généraux du parti dans chacune des cinq provinces de l'Est où les bureaux de scrutin étaient à présent fermés. Les résultats étaient décevants, mais Laurier s'y attendait. Avec soixante-quatre sièges en Ontario, les unionistes avaient raflé un total de quatre-vingt-dix-huit circonscriptions ; les libéraux en avaient remporté quatre-vingts, dont soixante-deux au Québec. Le pronostic était mauvais, mais il leur restait une petite chance. Tout dépendait maintenant des cinquante-sept sièges possibles dans les quatre provinces de l'Ouest et le territoire du Yukon. À cause des différents fuseaux horaires, les bureaux de votation étaient encore ouverts sur la côte. Il fallait attendre quelques heures jusqu'au comptage des votes.

Le lendemain matin, après un sommeil agité, Laurier eut le cœur brisé en recevant les résultats des provinces de l'Ouest. Il n'avait remporté que deux sièges, tandis que les unionistes avaient les cinquante-cinq autres. Repensant aux acclamations qui avaient ponctué ses discours et aux foules qui avaient attendu par un froid sibérien juste pour l'apercevoir un instant, Laurier, même s'il avait appréhendé un tel résultat, eut peine à y croire. S'efforçant courageusement de cacher sa détresse, il plaisanta : «Ils m'ont applaudi, mais ils n'ont pas voté pour moi.» Mais la défaite était écrasante. Il avait tout donné pour ce en quoi il croyait si fort. Et il avait perdu.

∞

Cette dure campagne se termina quelques jours avant Noël, assombrissant pour les Laurier cette période de festivités. Ils reçurent néanmoins de nombreux invités, parents et amis. Puis, Laurier se reposa... mais seulement deux jours. Il devait recommencer, se dit-il. Il n'avait pas d'autre choix. Ces élections les avaient isolés, le Québec et lui. Des quatre-vingt-deux sièges remportés par les libéraux, dix se trouvaient dans les Maritimes, huit en Ontario et deux dans les provinces de l'Ouest. Les soixante-deux autres étaient au Québec.

Sa plus grande crainte s'était concrétisée : la conscription avait divisé le Canada. Et la fissure au sein du Parti libéral reflétait la division du pays. Malgré cela, Laurier devait se battre pour garder le Québec à l'intérieur du Canada. Partir maintenant équivaudrait à fuir la province, le pays et le parti. Il devait rester.

À l'ouverture du Parlement, le 18 mars 1918, Laurier était à sa place à titre de chef de l'opposition. Deux semaines plus tard, la question de la conscription fut présentée pour être débattue. À Québec, une foule en colère avait attaqué des bureaux du gouvernement fédéral où l'on conservait des dossiers de conscription. Cet événement marqua le début d'une série de violentes émeutes et la ville fut en état d'alerte pendant quatre jours. Les soldats arrivèrent, échangèrent des coups de feu avec les manifestants et en abattirent quatre. Il y eut de nombreux blessés des deux côtés.

Une fois de plus, les journaux parlèrent du Québec avec mépris. Pourtant, ces émeutes étaient en partie dues à la méthode musclée utilisée par la police militaire pour débusquer les jeunes Québécois qui refusaient de s'enrôler. Qui plus est, les Québécois n'étaient pas les seuls à essayer d'échapper au service militaire. En vérité, même si le fait était peu connu à l'époque, dans chacune des provinces, plus de quatre-vingt-dix pour cent des hommes appelés avaient demandé à être exemptés.

Un rayon de soleil éclaira un instant la grisaille du climat politique et de la guerre qui se poursuivait en Europe. Le 13 mai, Laurier et Zoé célébrèrent leurs noces d'or. Ils reçurent un grand nombre de lettres, de téléphones et de télégrammes de félicitations, dont un du roi George et de la reine Mary. Ils reçurent des fleurs, et les députés et sénateurs libéraux leur offrirent un plateau plaqué or. La veille, quand ils arrivèrent à l'église Sacré-Cœur pour assister à la messe, une foule considérable s'était massée pour apercevoir l'élégant gentleman et son épouse aimante. Aveugle et sourde, Zoé était incapable de voir et d'entendre leurs partisans, et elle entra dans l'église cramponnée au bras de son mari.

La session parlementaire prit fin deux jours plus tard, et Laurier fut heureux de partir en vacances. En juillet, il passa quelque temps avec un vieil ami dans sa maison d'été des Collines de la Gatineau. Bourassa, qui possédait un chalet à proximité, vint lui rendre visite.

Ils causèrent cordialement pendant deux heures, puis Bourassa prit congé.

Ce fut leur dernier entretien. Le combat contre Bourassa avait dominé les dernières années de la vie de Laurier. Dans une lettre adressée à un ami, celui-ci écrivit: «Bourassa est un homme de grand talent, mais son talent est négatif et destructeur... À une certaine époque, il fut un de mes amis proches, mais nous nous sommes séparés. Son objectif était d'isoler la population francophone du reste de la communauté et d'en faire une entité séparée...» Plusieurs années plus tard, Bourassa dit de Laurier: «Bien que je l'aie combattu à cause de nos principes différents, je l'ai toujours aimé et il le savait.»

En route vers Ottawa, le chauffeur de Laurier emprunta une route qui passait par L'Assomption. Comme ils s'approchaient de son ancien collège, Laurier demanda au chauffeur de se diriger vers la grille. Enchantés de cette visite inattendue, les prêtres se rassemblèrent autour de lui. Après avoir bavardé quelques instants, Laurier jeta un dernier long regard sur les édifices qu'il avait si bien connus, dit au revoir et retourna à sa voiture.

∽

En septembre, Laurier se remit au travail. Il partageait le sentiment d'optimisme qui commençait à se répandre en ce qui concernait la guerre. Les nouvelles en provenance des champs de bataille en Europe étaient chaque jour meilleures. Quelques-uns osaient même croire que le cauchemar allait bientôt finir.

Laurier rêvait aussi de réunir de nouveau son parti. Certains signes semblaient de bon augure. Ce même mois, Fielding, le collègue en qui il avait naguère eu confiance, avait assisté à une réunion convoquée à Ottawa par Laurier. D'autres rentreraient peut-être à leur tour au bercail. Tant qu'il aurait la force de travailler, il réussirait peut-être à réunifier le parti. Une fois la guerre finie, ce ne serait qu'une question de temps. Il en était convaincu.

La nouvelle arriva enfin. Le 11 novembre, sur tous les fronts, les canons se turent. La guerre qui avait ravagé le monde et si gravement nui à l'unité du Canada était terminée. Après une journée de célébrations, Laurier reprit le collier, sûr que le pays allait commencer à panser ses blessures.

Dix jours plus tard, il se rendit en Ontario pour prendre la parole devant un groupe de jeunes libéraux. C'était le jour de son soixante-dix-septième anniversaire, et l'auditoire fut impressionné par sa vigueur. Il était debout devant son public, le dos droit, comme d'habitude, impeccablement vêtu, ses longs cheveux argentés touchant le col de son veston. Sa voix avait conservé son pouvoir tandis qu'il suppliait ses auditeurs de rejeter la haine et de consacrer leur vie à améliorer la société. Pour eux, comme pour de nombreuses personnes, Wilfrid Laurier était le plus grand Canadien vivant.

Noël passa et cette période de réjouissances fut la plus heureuse depuis 1913. Au début de la nouvelle année, Laurier élaborait déjà des projets politiques. Il envoya un message à tous les députés libéraux, leur demandant d'être à Ottawa le 17 février 1919 afin de discuter d'une stratégie à adopter à l'ouverture du Parlement trois jours plus tard.

Le samedi 15 février, il assista à un déjeuner au Club canadien du Château Laurier, l'hôtel nommé en son honneur. Il retourna ensuite travailler à son bureau. Environ deux heures plus tard, tandis qu'il s'apprêtait à partir, il éprouva un étourdissement. Il tomba soudain et se frappa la tête sur le plancher. Il parvint pourtant à se relever et à mettre son manteau et son chapeau. Malgré une terrible faiblesse, il sortit de l'édifice et monta à bord d'un tramway pour rentrer chez lui.

Une fois à la maison, il enleva son manteau et dit à Zoé qu'il n'avait pas faim. Il se sentait un peu las, expliqua-t-il, et il voulait se coucher tôt. Incapable de voir à quel point il était mal en point, elle le laissa aller. Son sommeil fut agité, mais il se leva comme d'habitude le dimanche matin et commença lentement à s'habiller pour aller à la messe. Puis, tout à coup, il s'écroula et, cette fois, il ne se releva pas.

Le valet de Laurier l'aida à se coucher et appela un médecin. Après l'avoir examiné, celui-ci découvrit que Laurier avait subi une attaque. Il dit à Zoé que Laurier devait rester alité.

Pendant les vingt-quatre heures suivantes, Laurier dériva entre conscience et inconscience. Le lundi matin, peu de temps après avoir reçu les derniers sacrements, il bougea légèrement. Puis, il murmura : «*C'est fini*°.» Quelques minutes avant 15 h, il cessa de respirer.

Cinq jours plus tard, le samedi 22 février 1919, plus de 100 000 personnes se massèrent le long des deux kilomètres du chemin. Puis, le cortège s'ébranla et défila lentement dans les rues d'Ottawa. La dépouille d'Henry-Charles-Wilfrid Laurier était portée à la basilique pour la célébration des funérailles. On la conduirait ensuite au cimetière Notre-Dame.

Zoé survécut un peu moins de trois ans à son époux. Elle mourut le 1er novembre 1921 et, conformément à son désir, elle fut enterrée à côté de sir Wilfrid. C'est là qu'ils reposent aujourd'hui. Sur la pierre tombale, la principale inscription est *Laurier*. Cela suffit.

« Je suis un Canadien. Le Canada a été l'inspiration de ma vie.
Une politique de véritable canadianisme, de modération
et de conciliation m'a servi de pilier de feu la nuit
et de pilier de nuages le jour. »

Épilogue

Le Canada d'abord

« Les hommes ne sont ni des anges ni des démons, écrivit Laurier à un ami, mais des êtres dotés de quelques défauts et, surtout, de plusieurs qualités de cœur et d'esprit. »

Il aurait pu utiliser les mêmes mots pour se décrire lui-même. Il n'était certes pas un saint ; il avait des défauts. Il pouvait se montrer entêté, évasif, et il avait tendance à atermoyer. Il aimait exercer le pouvoir et il se servait souvent de son charme personnel pour arriver à ses fins. Et pourtant, ses admirateurs comme ses critiques s'entendaient sur ce point : il était avant tout un homme intègre. Dans tout ce qu'il a fait, il s'est comporté honorablement.

Laurier était un libéral classique. À ses yeux, rien n'était plus important que le droit de l'individu de

penser et d'agir de façon autonome, sans subir
d'interférences de la part des gouvernements ou des
institutions religieuses. Étant lui-même membre d'un
groupe ethnique et religieux minoritaire, il croyait que
les minorités devaient avoir les mêmes droits que les
autres.

À une époque où la nouvelle et puissante force du
nationalisme donnait naissance à des pays fondés sur
l'uniformité de la langue et de la religion, Laurier était
en avance sur son temps. Pour lui, la diversité pouvait
être une force. Par le biais de l'autonomie des provinces dans le cadre du système fédéral, on pouvait
protéger les minorités. C'était ainsi qu'on créerait un
Canada fort et uni.

Il était également résolu à mener le Canada à
l'indépendance vis-à-vis de la Grande-Bretagne, et il le
fit en tenant tête aux impérialistes au pays et outre-
mer.

Quel fut alors le résultat de ses principes et de
ses actes ? « Rappelez-vous qu'en politique il est
rarement question de faire ce qui est idéal. Le mieux
auquel on peut généralement s'attendre consiste à
atteindre un certain objectif... Le mien est de
consolider la Confédération et de faire en sorte que
nos concitoyens, depuis longtemps étrangers les uns
aux autres, parviennent graduellement à former une
nation. C'est là mon but ultime. Tout le reste est
subordonné à cette idée. » Si Laurier n'avait pas tenu
sa promesse, il aurait vu de son vivant le Canada
démembré par des gens à l'esprit étroit. C'est donc
en partie grâce à lui que le Canada continue à
exister.

Laurier a un jour dit à un auditoire : « Gardons cette pensée dans nos cœurs : *Le Canada d'abord, le Canada pour toujours, rien d'autre que le Canada.* » Il l'a fait.

« J'ai poursuivi le travail de la Confédération à partir de là
où je l'ai trouvé quand je suis entré en politique,
et j'ai résolu d'y consacrer ma vie. »
La statue de Laurier se dresse au pied
de la colline parlementaire à Ottawa.

Chronologie
Wilfrid Laurier
(1841-1919)

Établie par Lynne Bowen

LAURIER ET SON ÉPOQUE	LE CANADA ET LE MONDE
1642 L'ancêtre de Wilfrid Laurier, Augustin Hébert, de Caen, en Normandie, fait partie du groupe de Français qui fondent Montréal.	**1642** À la tête d'un groupe de Français, Paul Chomedey de Maisonneuve fonde Montréal.
1662 Augustin Hébert meurt au cours d'une escarmouche avec des Iroquois.	
1665 François Cotineau-Champlaurier arrive à Montréal ; il épouse Madelaine Milot, petite-fille d'Hébert ; la famille prend le nom de Cotineau-Laurier.	

1720
Benjamin Marten découvre que la tuberculose est causée par des créatures vivantes et transmise par la salive.

1795
En Irlande, l'Ordre orangiste est formé pour appuyer le protestantisme et commémorer la victoire de Guillaume d'Orange à la bataille de Boyne en 1690.

1815
Naissance de Carolus Laurier (père de Wilfrid); son père a simplifié leur nom de famille; naissance de Marcelle Martineau (mère de Wilfrid).

Vers 1825
L'ultramontanisme, qui revendique la suprématie de la religion sur la société civile, prend racine chez les catholiques du Québec.

1830
Fondation de la grande loge de l'Ordre orangiste de l'Amérique du Nord britannique à Brockville, au Haut-Canada.

1837
Des rébellions éclatent au Haut et au Bas-Canada; les chefs — Louis-Joseph Papineau au Bas-Canada et William Lyon Mackenzie au Haut-Canada — partent en exil.

LAURIER ET SON ÉPOQUE

1841

Naissance d'Henry-Charles-Wilfrid Laurier, fils de Carolus et de Marcelle, à Saint-Lin (Québec) le 20 novembre ; l'enfant est probablement nommé en honneur d'un héros d'*Ivanhoé*, un roman de sir Walter Scott.

1848

Marcelle Laurier meurt de la tuberculose. En plus de son jeune fils Wilfrid, elle laisse une fille de santé fragile, Malvina, qui succombera bientôt à son tour.

Vers 1849

Adeline Éthier épouse Carolus Laurier et devient la belle-mère de Wilfrid.

1851

Carolus inscrit son fils à l'école Fort Rose, à New Glasgow, à douze kilomètres de Saint-Lin, où il apprend l'anglais avec Sandy

LE CANADA ET LE MONDE

1841

Le Haut et le Bas-Canada deviennent l'ouest du Canada et l'est du Canada et s'unissent pour former la province du Canada.

1844

Naissance du futur chef métis Louis Riel à Rivière-Rouge, dans la Terre de Rupert.

George Brown lance le journal *Globe* avec l'appui des Reformers, qui s'opposent aux politiques conservatrices.

1845

Ayant obtenu son pardon l'année précédente, Papineau revient à l'est du Canada.

1848

Un groupe de jeunes intellectuels francophones radicaux, dont Antoine-Aimé Dorion, fonde les Rouges.

LAURIER ET SON ÉPOQUE

Maclean, un Écossais protestant ; Wilfrid travaille également à l'échoppe du tailleur John Murray et habite chez une famille irlandaise catholique.

1854
Laurier entre au collège de L'Assomption, un collège catholique pour garçons, aux règlements rigides et au programme exigeant, situé à trente-trois kilomètres de Saint-Lin.

1857
Laurier est devenu un orateur doué avec une voix forte et agréable ; au tribunal, il assiste aux plaidoiries des avocats ; Joseph Papin, un des fondateurs du Parti rouge, l'impressionne tellement qu'il arrive souvent en retard à ses cours et est puni.

1858
Déjà conscient de sa faiblesse pulmonaire, Laurier se met à cracher du sang et il doit rester alité pendant plusieurs jours.

1861
Laurier, à présent un grand et mince jeune homme aux épaules larges, reçoit son diplôme de L'Assomption ; il déménage à

LE CANADA ET LE MONDE

1854
Naissance à Grand Pré, en Nouvelle-Écosse, de Robert Laird Borden, futur premier ministre du Canada.

1855
Le futur géologue George Mercer Dawson emménage à Montréal où son père est nommé principal du collège McGill.

1857
Ottawa est choisie comme capitale de la province du Canada.

1861
Début de la guerre civile aux États-Unis.

LAURIER ET SON ÉPOQUE

Montréal où il s'inscrit à l'Université McGill et travaille au cabinet de Rodolphe Laflamme, également un membre du Parti rouge.

À la pension où il habite, il fait la connaissance de Zoé Lafontaine, un professeur de musique; ils deviennent amoureux, mais Laurier ne veut pas se marier parce qu'il est désargenté et qu'il craint de souffrir de tuberculose.

1864
Laurier est diplômé de McGill le 4 mai; choisi comme major de sa promotion, il parle dans son discours de justice, de patriotisme et d'union entre les peuples.

1866
La santé de Laurier se détériore à la suite de longues journées de travail et de l'échec de ses associations dans des cabinets d'avocats; à la suggestion d'Antoine-Aimé Dorion, Laurier s'installe au village de L'Avenir pour pratiquer le droit et publier *Le Défricheur*, un journal rouge.

1867
Incapable de réussir à L'Avenir, Laurier emménage à Victoriaville, au nord, où il subit pendant plusieurs mois la persécution des

LE CANADA ET LE MONDE

Naissance de la future poète Emily Pauline Johnson à Chiefswood, près de Brantford, en Ontario.

1865
Louis Riel étudie le droit à Montréal avec Rodolphe Laflamme.

1867
L'Acte de l'Amérique du Nord britannique établit le dominion du Canada en unissant la Nouvelle-Écosse, le Nouveau-Brunswick, le

LAURIER ET SON ÉPOQUE

forces ultramontaines; son journal et son travail d'avocat en souffrent; il déclare faillite.

Laurier déménage à Arthabaska où il ouvre un nouveau cabinet d'avocat.

1868
Zoé informe Laurier qu'elle a accepté d'épouser Pierre Valois en mai; il reçoit un message du Dr Séraphin Gauthier le pressant de venir Montréal; après l'avoir examiné, celui-ci déclare que Laurier n'a pas la tuberculose, mais des poumons fragiles; Gauthier convainc Laurier que Zoé l'aime; ils se marient le jour même.

LE CANADA ET LE MONDE

Québec et l'Ontario; John A. Macdonald est élu premier ministre et fait chevalier par la reine Victoria.

Les Clear Grits et les Rouges s'unissent et forment le Parti libéral du Canada.

Les États-Unis achètent l'Alaska à la Russie, mais le tracé des frontières ne fait l'objet d'aucune entente avec le Canada.

1868
Louis Riel revient vivre à Rivière-Rouge après avoir travaillé aux États-Unis.

Naissance à Montréal d'Henri Bourassa, futur homme politique et journaliste canadien; petit-fils de Papineau, il croit avec ferveur en la protection de la société canadienne ou *survivance*°.

1869
Des arpenteurs canadiens se présentent à Rivière-Rouge pour préparer le passage de la Terre de Rupert au Canada; craignant les immigrants protestants anglo-canadiens de l'Ontario, les Métis s'unissent sous la direction de Louis Riel.

1870
À Rivière-Rouge, Riel ordonne l'exécution de l'Ontarien Thomas Scott; Ottawa envoie des soldats en «mission de paix»; Riel s'enfuit aux États-Unis.

L'Acte du Manitoba crée la cinquième province du Canada; il reconnaît le français et l'anglais comme langues officielles et autorise le financement d'écoles catholiques et protestantes par le biais des impôts publics.

1871

Après s'être établis avec succès à Arthabaska, les Laurier n'ont qu'un seul regret: ne pas avoir d'enfants.

Quand on demande à Laurier de se porter candidat comme député provincial, Zoé commence par s'opposer au projet; il aime faire campagne, mais sa santé en souffre; les forces ultramontaines s'opposent à lui, mais il remporte avec une majorité considérable un siège à l'Assemblée législative du Québec.

1871

La Colombie-Britannique se joint à la Confédération.

Naissance à Victoria (C.-B.) de la future peintre Emily Carr.

Fin de la guerre franco-prussienne; Guillaume 1er, roi de Prusse, est proclamé empereur allemand; l'Allemagne est finalement une nation unifiée.

1872

Souhaitant dissocier les libéraux des Rouges, Honoré Mercier et d'autres libéraux québécois fondent le Parti national; Mercier est élu à la Chambre des communes.

Fondation du *Manitoba Free Press*; dès le départ, il supporte la cause libérale.

1873

Malgré l'opposition de Zoé, Laurier accepte de représenter le Parti libéral aux élections fédérales; sa santé tient le coup pendant toute cette campagne hivernale.

1873

À Ottawa, le premier ministre sir John A. Macdonald, accusé d'avoir accepté des pots-de-vin, offre sa démission; le nouveau premier ministre, Alexander Mackenzie, déclenche des élections générales.

LAURIER ET SON ÉPOQUE

LE CANADA ET LE MONDE

Louis Riel remporte un siège à une élection partielle fédérale.

L'Île-du-Prince-Édouard se joint à la Confédération.

Le Canada établit la North-West Mounted Police (NWMP)

1874

Le 22 janvier, Laurier remporte le siège parlementaire de Drummond-Arthabaska, et son parti est majoritaire ; Laurier fait son discours inaugural en français et, deux semaines plus tard, il parle longuement en anglais à propos de Louis Riel, député au Parlement, mais en fuite.

1874

Louis Riel conserve son siège aux élections fédérales ; il se rend à Ottawa, mais il est expulsé après avoir signé le registre.

1875

Laurier fait la connaissance de Louis Riel chez un prêtre, près d'Arthabaska.

1875

Le gouvernement fédéral accorde l'amnistie à Riel, mais il le bannit des « dominions de Sa Majesté » pour une période de cinq ans.

1876

Le Dr Emily Stowe fonde le Women's Literary Club de Toronto, premier groupe de suffragettes canadiennes.

L'avocat, homme politique et impérialiste D'Alton McCarthy est élu au Parlement.

Alexander Graham Bell dépose le premier brevet du téléphone.

LAURIER ET SON ÉPOQUE

1877
Dans un auditorium bondé de Québec, Laurier prononce un discours devant le Club canadien; il décrit les idéaux du Parti libéral et explique que les prêtres catholiques ont tort de dicter à leurs ouailles comment voter; la presse de l'ensemble du pays relate son discours.

En octobre, Laurier devient ministre du Revenu intérieur au sein du cabinet de Mackenzie, mais il doit se reporter candidat dans sa circonscription; le clergé l'accable d'accusations ridicules et il est défait par vingt-quatre votes.

En novembre, il gagne une élection partielle dans la ville de Québec; un défilé aux flambeaux de près de deux kilomètres l'escorte jusqu'à la place Jacques-Cartier où il prononce un discours émouvant.

1878
Aux élections fédérales, les libéraux de Mackenzie sont défaits par les conservateurs de Macdonald, mais Laurier conserve son siège de Québec Est; sa renommée de plus en plus grande auprès du public attire les clients au cabinet qu'il partage avec Joseph Laflamme.

Les Laurier font bâtir leur première maison à Arthabaska et organisent des soupers et des réceptions plusieurs soirs par semaine.

LE CANADA ET LE MONDE

1877
Mandaté par le pape, l'évêque irlandais George Conroy arrive au Canada pour enquêter sur le conflit entre l'Église catholique et le Parti libéral; dans son rapport, il explique que le pape ne condamne pas le Parti libéral et que tous les catholiques sont libres de voter pour le candidat de leur choix.

1878
Louis Riel s'installe au Montana et se marie.

LAURIER ET SON ÉPOQUE	LE CANADA ET LE MONDE

1879

À Ottawa, Laurier loue une chambre à l'hôtel Russell ; même si elle préfère vivre à Arthabaska, Zoé lui rend visite au moins une fois par session.

Vers 1880

Laurier entretient une relation avec Émilie Lavergne, la jeune épouse de son associé.

Laurier semble satisfait de son rôle d'assistant au chef de l'opposition Edward Blake.

1880

L'ancien premier ministre ontarien Edward Blake remplace Alexander Mackenzie à titre de chef du Parti libéral du Canada et chef de l'opposition.

1882

Laurier conserve son siège à Québec Est aux élections fédérales.

1882

Le Parti conservateur de Macdonald est reporté au pouvoir aux élections fédérales.

1883

Honoré Mercier devient chef du Parti libéral au Québec.

1884

Louis Riel s'installe à Batoche, dans la vallée de la Saskatchewan, pour aider les Métis à obtenir leurs droits juridiques.

Fondation de l'Imperial Federation League en Grande-Bretagne. D'Alton McCarthy sera le président de la branche canadienne pendant sept ans.

1885

À l'occasion d'un rassemblement au Champ de Mars de Montréal, Laurier est au nombre des ora-

1885

La rébellion du Nord-Ouest commence lorsque les hommes de Riel affrontent la NWMP à Lac-

teurs qui blâment le gouvernement de Macdonald après l'exécution de Riel.

aux-Canards, dans le district de la
Saskatchewan, dans les Territoires
du Nord-Ouest; on vient de terminer la construction du chemin de
fer Canadien Pacifique et les
soldats sont envoyés dans les
Prairies par train; arrêté pour haute
trahison, Riel est jugé et déclaré
coupable; il fait appel; l'exécution
est reportée en raison des pressions
exercées par le Québec, mais Riel
est finalement pendu en novembre.

1886

En mars, dans un discours de deux
heures, Laurier dénonce les politiques du gouvernement ayant
conduit à la rébellion et condamne
l'exécution de Riel; il est applaudi
des deux côtés de la Chambre.

À Toronto, Laurier parle de l'unité
canadienne au Club des jeunes
libéraux.

1886

Après l'exécution de Riel, une
vague de nationalisme balaie le
Québec; Honoré Mercier et le
Parti national ressuscité de ses
cendres sont élus.

1887

Laurier remporte facilement son
siège aux élections fédérales.

Blake démissionne comme chef du
Parti libéral et presse Laurier de se
porter candidat pour le poste;
Laurier accepte à contrecœur; le
23 juin, les journaux annoncent que
Laurier est le chef de l'opposition.

Laurier prononce un discours
éloquent contre les propos anti-
canadiens français de D'Alton
McCarthy.

1887

Aux élections fédérales, Macdonald
et ses conservateurs restent au
pouvoir, mais ils n'ont gagné que
par une faible majorité.

En janvier, Mercier entreprend
son mandat à titre de premier
ministre du Québec.

À Ottawa, à la Chambre des communes, D'Alton McCarthy ré-
clame que les Canadiens français
renoncent à leurs origines et à
leurs traditions et deviennent britanniques.

1890

Le gouvernement du Manitoba annonce que le français ne sera plus une langue officielle dans la province, que la religion ne sera plus enseignée dans les écoles publiques et que l'anglais sera la seule langue d'enseignement ; voulant éviter des explosions de colère chez les deux groupes concernés, le gouvernement fédéral porte la cause devant les tribunaux.

Au Québec, Henri Bourassa, alors âgé de vingt-deux ans, est élu maire de Montebello.

1891

Laurier entreprend sa première campagne électorale fédérale comme chef du Parti libéral ; son parti est défait.

1891

Sir John A. Macdonald meurt peu de temps après avoir reconduit le Parti conservateur au pouvoir.

1895

Le gouvernement conservateur se révèle incapable de trouver une solution au dilemme des écoles manitobaines ; déchiré entre sa foi en l'autonomie des provinces et son engagement envers les droits des minorités, Laurier attend son heure.

1895

Après presque quatre ans d'audiences au tribunal, on ordonne au Manitoba de rouvrir les écoles catholiques ; il refuse.

L'impérialiste Joseph Chamberlain devient le secrétaire colonial britannique.

1896

Laurier décide de défendre l'autonomie des provinces ; pendant la campagne électorale fédérale, l'Église catholique au Québec s'oppose de nouveau à Laurier, mais les Québécois lui donnent

1896

À Ottawa, le gouvernement conservateur présente un projet de loi visant à faire rouvrir les écoles catholiques au Manitoba ; le mandat de cinq ans au Parlement étant écoulé, le gouvernement dé-

LAURIER ET SON ÉPOQUE

49 sièges sur 65 ; Laurier devient premier ministre du Canada ; c'est la première fois qu'un catholique francophone assume cette fonction.

Laurier négocie une solution à la question scolaire avec le premier ministre du Manitoba Thomas Greenway ; il nomme le Manitobain Clifford Sifton ministre de l'Intérieur et surintendant général des Affaires indiennes ; Sifton entreprend une campagne dynamique favorisant l'immigration dans les Prairies.

1897

Le ministre des Finances du cabinet Laurier annonce que le Canada adoptera une politique de préférence impériale en réduisant le tarif douanier sur les marchandises britanniques.

Laurier et Zoé prennent le bateau pour l'Angleterre ; le 21 juin, il est nommé chevalier par la reine Victoria au palais de Buckingham et devient membre du conseil privé ; il reçoit un traitement de faveur et il est déclaré l'«égal des grands hommes du vieux pays » ; à la conférence coloniale, Laurier indique que le Canada n'a pas l'intention de demeurer à jamais une colonie.

Laurier et Zoé se rendent à Paris où il est nommé *grand officier de la Légion d'honneur°* ; à leur retour au Canada, ils sont accueillis par

LE CANADA ET LE MONDE

clenche des élections avant de soumettre le projet au vote des députés.

Henri Bourassa est élu député libéral à la Chambre des communes.

1897

En Grande-Bretagne, la reine Victoria célèbre son jubilé de diamant.

Joseph Chamberlain, président de la conférence coloniale, échoue à former un conseil de l'Empire.

La découverte d'or au Yukon marque le début de la Ruée vers l'or du Klondike ; des hommes et des femmes de partout dans le monde affluent par milliers ; la présence de la NWMP en fera la ruée vers l'or la plus ordonnée de l'histoire, mais le problème non résolu des frontières entre le Yukon et l'Alaska devient un sujet de controverse entre les États-Unis et le Canada.

des foules enthousiastes qui ont allumé des feux sur les berges du Saint-Laurent; réceptions, discours et cadeaux ponctuent leur arrivée.

Les Laurier déménagent à Ottawa.

1898

Laurier devient connu pour ses manières conciliantes de résoudre les problèmes.

Clifford Sifton achète le *Manitoba Free Press*; le journal appuiera Laurier, même quand Sifton désapprouve ses politiques.

1899

Même s'il ne souhaite pas voir le Canada impliqué dans la guerre des Boers, Laurier essaie de trouver une réponse canadienne satisfaisante tant pour les impérialistes, qui veulent aller en guerre pour appuyer la Grande-Bretagne, que pour les Québécois, qui sympathisent avec les Boers et pour qui l'impérialisme britannique constitue une menace à la survie du Québec; Bourassa démissionne de son poste et quitte le Parti libéral; le gouvernement de Laurier autorise mille volontaires à se joindre aux forces britanniques.

1900

La solution de Laurier concernant l'envoi de troupes en Afrique du Sud satisfait tout le monde, sauf les militants des deux côtés; Henri

1898

Le pape Léon XIII exige que le clergé canadien accepte la solution proposée pour résoudre le problème scolaire au Manitoba.

Une haute commission conjointe commence à se réunir pour résoudre le litige des frontières de l'Alaska.

1899

Début de la guerre des Boers en Afrique du Sud; les bavures et les défaites britanniques atteignent leur apogée en décembre avec la «semaine noire».

1900

Les Britanniques subissent des revers en Afrique du Sud, mais les Boers ont recours à la guérilla et les Britanniques internent les

LAURIER ET SON ÉPOQUE

Bourassa retourne à la Chambre des communes comme indépendant et poursuit sa campagne contre Laurier.

Aux élections générales de l'automne, les libéraux de Laurier remportent la victoire avec une imposante majorité ; ils remportent moins de sièges en Ontario, mais davantage au Québec.

1902
En août, les Laurier se rendent en Angleterre pour assister au couronnement du roi et à une nouvelle conférence coloniale ; malgré le désir de Chamberlain, Laurier persiste dans son refus de tisser des liens plus étroits avec la mère patrie ; il annonce que le Canada a l'intention de créer sa propre marine.

Laurier et Zoé voyagent en France, en Suisse et en Italie, mais Laurier est malade doit rester alité pendant toute la traversée de retour ; ils séjournent ensuite en

LE CANADA ET LE MONDE

femmes et les enfants boers dans des camps de concentration.

Au Canada, les travailleurs chinois qui arrivent au Canada se voient imposer une taxe d'entrée de 100 dollars ; on interdit l'entrée des criminels et des « indigents » ; le gouvernement demande au Japon de limiter le nombre des immigrants venant au Canada.

1901
Mort de la reine Victoria ; son fils, Edouard VII, lui succède.

Robert Borden succède à Charles Tupper au poste de chef de l'opposition au Canada.

Marconi transmet des messages radio télégraphiques de Cornwall à Terre-Neuve.

1902
La guerre des Boers prend fin le 3 mai par la Paix de Vereeniging ; le Canada a envoyé 8900 soldats dont 270 ont trouvé la mort ; la moitié a succombé à différentes maladies.

Virginie et en Floride où il recouvre la santé.

1903

Laurier est profondément déçu lorsque la Grande-Bretagne prend le parti des États-Unis dans le litige des frontières de l'Alaska; il est résolu à mener le Canada vers l'indépendance vis-à-vis de la Grande-Bretagne.

Une expansion économique sans précédent incite Laurier à construire un deuxième chemin de fer transcontinental; il présente un projet de loi à cet effet.

1904

Laurier déclenche des élections générales et promet d'établir deux nouvelles provinces dans les Territoires du Nord-Ouest; il l'emporte avec une majorité plus considérable que jamais, mais plusieurs membres de son cabinet sont corrompus.

1905

Croyant pouvoir compter sur le soutien d'Henri Bourassa dans la question des écoles catholiques séparées en Saskatchewan et en Alberta, Laurier a la surprise d'être attaqué par Clifford Sifton qui l'accuse de se mêler de l'éducation, une chasse gardée provinciale; même s'il fait marche arrière, Laurier a provoqué la colère

1903

Le litige concernant la frontière de l'Alaska est porté devant un tribunal international; le délégué britannique se range du côté de l'Alaska contre les Canadiens, qui refusent de signer l'entente; un fort sentiment anti-britannique se propage au Canada.

Aux États-Unis, Orville et Wilbur Wright réussissent à faire voler un avion; Henry Ford fonde la compagnie Ford Motors et élabore le concept de la chaîne de montage.

1904

Au Canada, en reconnaissance des services rendus pendant la guerre des Boers, le mot « Royal » est ajouté au nom de la NWMP.

Début des travaux du canal de Panama.

1905

L'Alberta et la Saskatchewan deviennent des provinces du Canada.

des électeurs au Québec et en Ontario; Sifton démissionne.

1906

Au Canada, en vertu d'une nouvelle loi sur l'immigration, les indésirables tels que les prostituées, les fous et les handicapés mentaux ainsi que toute personne souffrant d'une maladie contagieuse ou d'un handicap physique sont exclus.

1907

Laurier offre au député indépendant Henri Bourassa un poste au sein de son cabinet, mais Bourassa refuse et démissionne de son siège.

1907

À Vancouver, l'Asiatic Exclusion League manifeste contre l'affluence des immigrants d'origine asiatique en attaquant les quartiers chinois et japonais.

Les Laurier se rendent en Grande-Bretagne pour la troisième conférence coloniale; Wilfrid continue à réclamer davantage de souveraineté pour le Canada.

Zoé, de plus en plus percluse de rhumatismes, commence à perdre l'ouïe.

1908

Laurier prédit qu'un jour une couronne et un drapeau communs seront les seuls liens unissant le Canada et la Grande-Bretagne.

1908

Bourassa est élu à l'Assemblée législative du Québec.

La compagnie de chemin de fer Grand Trunk commence à bâtir l'hôtel Château Laurier à Ottawa.

Malgré son âge avancé, Laurier déclenche des élections. Son «cœur est jeune», affirme-t-il, et il fait valoir la position avantageuse que le Canada occupe dans le

LAURIER ET SON ÉPOQUE	LE CANADA ET LE MONDE

monde; il remporte les élections, mais avec moins de sièges qu'auparavant; déprimé par ces résultats, il rédige une lettre de démission, mais son ministre des Finances, William Fielding, le convainc de renoncer à ce projet.

1909

Tenant compte du point de vue des impérialistes et de celui des *nationalistes°*, Laurier décide que la meilleure façon pour le Canada de servir la Grande-Bretagne en cas de guerre est d'avoir sa propre marine pour surveiller son littoral.

1910

Laurier présente le projet de loi sur le Service naval, une autre tentative avortée de compromis entre impérialistes et *nationalistes°*; Bourassa condamne Laurier et prédit que ce projet de loi le conduira à sa perte.

Laurier effectue un voyage couronné de succès dans l'Ouest canadien; à Saskatoon, le futur premier ministre, John Diefenbaker, alors âgé de quinze ans, lui vend un journal; les gens de l'Ouest pressent Laurier d'envisager le libre-échange avec les États-Unis.

1909

La jeune nation allemande entreprend la construction de vaisseaux de guerre ou cuirassés, menaçant la suprématie navale de la Grande-Bretagne.

À la conférence impériale de la défense, le Canada accepte d'uniformiser l'organisation militaire selon le modèle britannique et d'embaucher des officiers d'état-major impériaux.

1910

Henri Bourassa fonde *Le Devoir*; le journal adopte des positions *nationalistes°*, procatholiques et anti-britanniques.

Grâce aux politiques d'immigration de Sifton, la population du Canada a augmenté de 35 % depuis 1900.

Création de la marine royale canadienne en vertu de la loi sur le Service naval.

Mort du roi Edouard VII; son fils George V lui succède.

LAURIER ET SON ÉPOQUE

Au cours d'une élection partielle dans Drummond-Arthabaska, l'ancienne circonscription de Laurier, Bourassa dirige les forces qui défont le candidat libéral.

1911
Le ministre des Finances Fielding présente son rapport sur les pourparlers tenus avec les États-Uniens à propos du libre-échange ou de la réciprocité ; l'euphorie avec laquelle l'idée a été accueillie s'atténue peu à peu ; Laurier est attaqué de toutes parts.

Laurier va assister au couronnement du roi George V ; pendant ce temps-là, la bataille sur la réciprocité se poursuit ; à son retour, Laurier déclenche des élections ; pendant la campagne, Laurier fait l'objet de critiques virulentes ; à Montréal, sa voiture est attaquée par des partisans de Bourassa ; il perd ses élections et les conservateurs de Borden prennent le pouvoir.

1912
À titre de chef de l'opposition, Laurier s'efforce sans succès de trouver un compromis lorsque le gouvernement de l'Ontario adopte la règle 17, qui limite l'enseignement du français dans les écoles publiques.

LE CANADA ET LE MONDE

De façon inattendue, les États-Unis demandent à discuter de libre-échange avec le Canada.

1911
Au Canada, les fermiers albertains protestent contre l'établissement d'un groupe d'Africains américains.

Après son couronnement en Grande-Bretagne, le roi George V se rend en Inde ; à Delhi, il est proclamé empereur des Indes.

1912
Naufrage du *S.S. Titanic* lors de son voyage inaugural ; 1 513 personnes se noient.

L'hôtel Château Laurier ouvre ses portes.

1913
Plus de 400 000 personnes immigrent au Canada, le plus grand nombre à arriver en un an.

LAURIER ET SON ÉPOQUE

1914

Laurier est en vacances lorsque la guerre éclate en Europe; Borden lui envoie un télégramme le pressant de rentrer à Ottawa; Laurier se prononce en faveur de l'appui à la Grande-Bretagne.

LE CANADA ET LE MONDE

1914

Le *Komagata Maru*, avec à son bord 350 ressortissants des Indes orientales venus s'établir en Colombie-Britannique, n'est pas autorisé à accoster; il est escorté hors du port de Vancouver.

Le 4 août, la Grande-Bretagne déclare la guerre à l'Allemagne et à l'Autriche-Hongrie; le Canada entre automatiquement en guerre; de jeunes Canadiens joignent les rangs de l'armée; Bourassa commence par accepter qu'il est du devoir du Canada d'appuyer la Grande-Bretagne.

Ouverture du canal de Panama.

1915

En avril, le Canada livre sa première importante bataille à Ypres, en Belgique; armés de carabines Ross défectueuses, 6 714 soldats y trouvent la mort.

1916

Malgré l'impopularité de sa position, Laurier incite les jeunes Québécois à s'enrôler, mais le taux d'enrôlement au Québec demeure faible et Bourassa condamne la règle 17; Laurier presse le gouvernement ontarien de permettre aux enfants francophones d'étudier dans leur langue; apprenant que de nombreux députés libéraux ne l'appuieront pas, il offre sa démission, mais son parti ne l'accepte pas.

1916

Le Manitoba abolit les écoles bilingues, donnant à Bourassa un motif de s'opposer à l'enrôlement des francophones dans les forces armées.

En France, le premier jour de la bataille de la Somme, le 1er régiment de Terre-Neuve est anéanti; un mois plus tard, les militaires canadiens entrent dans la bataille et obtiennent des gains limités; le coût en vies humaines est très élevé.

LAURIER ET SON ÉPOQUE

LE CANADA ET LE MONDE

Au Canada, Frederick Banting (futur découvreur de l'insuline) et Norman Bethune (futur héros des guerres civiles espagnole et chinoise) obtiennent leur diplôme de médecin dans la même promotion.

1917

Borden propose à Laurier de se joindre à un gouvernement de coalition ; Laurier est déchiré entre sa loyauté envers la cause britannique et sa conviction que la conscription est une erreur ; il sait que celle-ci brisera l'unité canadienne ; pendant qu'il se torture, Bourassa le traite d'homme le plus malfaisant du Québec et de tout le Canada.

Laurier décide de ne pas faire partie de la coalition unioniste, à laquelle se joignent graduellement les libéraux en faveur de la conscription ; quatre éminents libéraux demandent à Laurier de démissionner, mais bien que vieux et malade, il préfère continuer à se battre et à participer aux élections de décembre.

À cause de la campagne unioniste au Québec, Bourassa est désormais du côté de Laurier ; à l'occasion d'une tournée éclair dans les provinces de l'Ouest, Laurier reçoit un accueil chaleureux ; mais l'Ouest accorde ses votes aux unionistes et Laurier perd ses élections.

1917

En France, les soldats canadiens combattant pour la première fois en tant qu'unité subissent de lourdes pertes, mais capturent la crête de Vimy.

Au Canada, Borden élabore un projet de conscription, une mesure particulièrement impopulaire au Québec ; le grand maître de la loge orangiste menace d'organiser une marche de 250 000 orangistes si les Québécois refusent d'accomplir leur devoir ; en août, la conscription est adoptée selon la Loi sur le service militaire ; la Loi sur les élections en temps de guerre accorde le droit de vote aux femmes parentes de soldats et en prive les immigrants originaires de pays en guerre contre le Canada.

À une réunion du cabinet impérial de la guerre tenue en Grande-Bretagne, le mot commonwealth est utilisé pour la première fois, décrivant les dominions comme des nations autonomes.

En Russie, le Parti bolchevik s'empare du pouvoir à la Révolution d'octobre.

LAURIER ET SON ÉPOQUE

LE CANADA ET LE MONDE

Au Canada, le *Manitoba Free Press* et le *Globe*, des journaux traditionnellement libéraux, se déclarent en faveur de la conscription ; les résultats des élections fédérales de décembre isolent le Québec.

1918

Les Laurier célèbrent leurs noces d'or ; pendant l'été, ils passent des vacances dans les Collines de la Gatineau où Bourassa rend visite à Laurier ; en chemin vers Ottawa, Laurier s'arrête au collège de L'Assomption où il a étudié dans sa jeunesse.

1918

À Québec, quatre manifestants sont abattus par des soldats pendant les émeutes anti-conscription du congé pascal ; la Loi sur les élections accorde le droit de vote à toutes les femmes aux élections fédérales.

Naissance à Toronto du futur philosophe canadien George Parkin Grant.

La Première Guerre mondiale se termine et l'Amnistie est signée le 11 novembre ; 60 000 soldats canadiens y ont trouvé la mort et un nombre encore plus considérable souffre des blessures permanentes.

1919

Laurier invite tous les députés libéraux à une assemblée à Ottawa afin de préparer l'ouverture du Parlement le 20 février ; le 15 février, il tombe, victime d'un étourdissement ; le dimanche matin, pendant qu'il s'habille pour aller à la messe, il subit un infarctus et s'écroule ; le lendemain, 17 février, il meurt après avoir prononcé les mots : « *C'est fini.* »

1919

William Lyon Mackenzie King, petit-fils du rebelle William Lyon Mackenzie, devient le nouveau chef du Parti libéral du Canada.

Début de la grève générale de Winnipeg le 15 mai.

Signature du Traité de Versailles à la Conférence de la paix de Paris ; sir Robert Borden, premier ministre du Canada, lutte pour

LAURIER ET SON ÉPOQUE

Le 22 février, un cortège de deux kilomètres de long défile dans les rues d'Ottawa, conduisant la dépouille de Laurier à ses obsèques à la basilique, puis au cimetière Notre-Dame.

1921
Zoé meurt le 1er novembre et elle est enterrée auprès de son mari.

LE CANADA ET LE MONDE

assurer que le Canada et les autres dominions de l'Empire y soient représentés de façon indépendante.

Cinq compagnies de chemin de fer en difficultés financières fusionnent pour former le Canadien National.

1920
Au Canada, Borden démissionne et Arthur Meighen devient de nouveau premier ministre unioniste.

1921
Victoire des libéraux de King aux élections fédérales.

1923
Au Canada, différents ministères s'occupant de défense s'unissent pour former le ministère de la Défense nationale.

Éléments de bibliographie

BARTHE, Ulric, *Wilfrid Laurier à la tribune, 1871-1890*, Québec, Turcotte et Ménard, 1890.

CLIPPINGDALE, Richard, *Laurier: His Life and World*, Toronto, McGraw Hill Ryerson, 1979.

DAFOE, J. W., *Laurier: A Study in Canadian Politics*, Toronto, McClelland & Stewart, 1968.

Dearest Emilie: The Love Letters of Sir Wilfrid Laurier to Madame Lavergne (transcrites et avec une introduction de Charles Fisher), Toronto, N. C. Press, 1989.

Extrait du procès-verbal de la convocation annuelle de l'Université McGill, 1964.

GWYN, Sandra, *The Private Capital: Ambition and Love in the Age of Macdonald and Laurier*, Toronto, McClelland & Stewart, 1984.

LAPIERRE, Laurier L., *Sir Wilfrid Laurier and the Romance of Canada*, Toronto, Stoddart Publishing Co., 1996.

NEATBY, H. Blair, *Laurier and a Liberal Quebec: A Study in Political Management*, Toronto, McClelland & Stewart, 1973.

ROBERTSON, Barbara, *Wilfrid Laurier, The Great Conciliator*, Toronto, Oxford University Press, 1991.

RUMILLY, Robert, *L'histoire de la province de Québec*, vol. IX et XV, Montréal, Bernard Valiquette, 1940.

SCHULL, Joseph, *Laurier : The First Canadian*, Toronto, The Macmillan Company of Canada, 1965.

SKELTON, Oscar D., *The Life and Letters of Sir Wilfrid Laurier*, 2 volumes, Toronto, McClelland & Stewart, 1971.

SPIGELMAN, Martin, *Wilfrid Laurier*, Toronto, Fitzhenry & Whiteside, 2000.

TANGHE, Raymond, *Laurier, Architect of Canadian Unity*, Montréal, Harvest House, 1967.

WADE, Mason, *The French Canadians, 1760-1967*, édition révisée, 2 volumes, Toronto, Macmillan Co. of Canada, 1975, 1976.

Table

Prologue : Le serment 9
1. Racines canadiennes 13
2. Le secret de l'avenir 25
3. Un engagement 33
4. De nouveaux horizons 41
5. Aller de l'avant 57
6. Une nation 71
7. La conciliation 83
8. Signes avant-coureurs de tempête 95
9. Le déclin 107
10. Les premiers signes de la défaite 121
11. Sous le feu de l'ennemi 135
12. Une défaite honorable 147
    Épilogue : Le Canada d'abord 161

Chronologie
Wilfrid Laurier (1841-1919) 165
Éléments de bibliographie 189

DANGER

LE
PHOTOCOPILLAGE
TUE LE LIVRE

*Cet ouvrage
composé en New Caledonia
corps 12 sur 14
a été achevé d'imprimer
en septembre deux mille huit
sur les presses de*

Imprimé au Canada par
Transcontinental Métrolitho